国学经典有话对你说系列

道德经
待人接物哲理书

姜越 编著

中国书籍出版社

图书在版编目(CIP)数据

道德经：待人接物哲理书 / 姜越编著.
--北京：中国书籍出版社，2019.7
ISBN 978-7-5068-7385-7

Ⅰ.①道… Ⅱ.①姜… Ⅲ.①道家②《道德经》—通俗读物 Ⅳ.①B223.1-49

中国版本图书馆CIP数据核字（2019）第156577号

道德经：待人接物哲理书

姜越　编著

责任编辑	吴化强
责任印制	孙马飞　马　芝
封面设计	侯　泰
出版发行	中国书籍出版社
地　　址	北京市丰台区三路居路97号（邮编：100073）
电　　话	（010）52257143（总编室）　　（010）52257140（发行部）
电子邮箱	eo@chinabp.com.cn
经　　销	全国新华书店
印　　刷	北京市通州大中印刷厂
开　　本	710毫米×1000毫米　1/16
印　　张	16.25
字　　数	285千字
版　　次	2019年7月第1版　2019年7月第1次印刷
书　　号	ISBN 978-7-5068-7385-7
定　　价	49.80元

版权所有　翻印必究

前 言

《道德经》，亦称《老子》，约计五千余言，分八十一章，前三十七章为《道经》，后四十四章为《德经》。作者是春秋晚期一位大思想家，名叫李耳，也称老聃。全书内容丰富，思想深邃，文笔优美，是老子告全人类书，是对历史和现实生活"成败存亡祸福"现象的哲学概括和理论总结，是中国乃至世界文化宝库中一颗璀璨夺目、光彩耀人且持久永恒的明珠。书中主要包括四个方面内容：

一是以"道"为中心并派生天下万物的宇宙生成论。

二是事物相互依存、相互对立、相互转化、循环往复的朴素辩证法。

三是以退为进、柔弱胜刚强的策略说。

四是"无为而治""小国寡民"的社会政治理想。

这四个方面内容互为关系，浑然天成。《道德经》对人类的影响足可与西方的《圣经》论伯仲。

老子的《道德经》一书，仅五千余言，但它文约义丰，博大精深，涵盖天地，历来被人们称为"哲理诗"。它不仅深刻地影响着一代又一代的中国人，也深刻地影响着世界人民。随着时代的不断发展，《道德经》一书越来越引起世界人民的广泛关注。自韩非的《解老》《喻老》至今，据说仅国内的《道德经》译注本就不下千种。

《道德经》妙处在于，领悟一点受益终生。三国时期的刘备，纵观其言行及政治方略都来自于《道德经》。汉唐两朝是中国历史上综合国力居世界领先的时代，当时全国上下均有深厚的研习《道德经》的风气。被章太炎称为"誉之则为圣相，谳之则为元凶"的晚清名臣曾国藩，先前与朝廷格格不入，处处碰壁，阅完《道德经》后深悟"龙蛇之道曲伸也"，随后融会贯通，不仅彰显出个性魅力且为摇摇欲坠的清王朝建立了不朽功勋。

　　现今欧美西方人士如浪潮般的研究、吸收我中华文化，将中国老子《道德经》之思想，与印度佛教释迦牟尼思想、基督教耶稣之思想文化同等之重视尊荣。反观这个现象，身为当代中华儿女，有必要深深省思，好好地将老祖宗浩瀚之思想文化传承研习并发扬光大。

目 录

上篇 《道德经》智慧直播

第一章 上善若水，宠辱若惊

老子认为，宇宙间的事物都处在变化运动之中的，事物从产生到消亡，都是有始有终的，经常变化的，宇宙间没有永恒不变的东西。"道"的属性是唯物的还是唯心的？这是早已存在的一个问题，自古及今，它引起许多学者的浓厚兴趣。无论学术界在"道"的属性方面的争论多么激烈，学者们都一致认为老子的辩证法思想是其哲学上的显著特征。

一、道可道，非恒道 …………………………………… 4
二、天下皆知美之为美 …………………………………… 6
三、不尚贤 …………………………………… 8
四、道冲，而用之或不盈 …………………………………… 10
五、天地不仁 …………………………………… 13
六、谷神不死 …………………………………… 15
七、天长地久 …………………………………… 17
八、上善若水 …………………………………… 18
九、持而盈之 …………………………………… 20
十、载营魄抱一 …………………………………… 22
十一、三十辐共一毂 …………………………………… 24
十二、五色令人目盲 …………………………………… 26

十三、宠辱若惊 …… 28

第二章　以道佐人，善为道者

　　老子描述了"道"的虚无缥缈，不可感知，看不见，听不到，摸不着，然而又是确实存在的，是所谓"无状之状，无物之象"。"道"有其自身的变化运动规律，掌握这种规律，便是了解具体事物的根本。"道"的普遍规律自古以来就支配着现实世界的具体事物，要认识和把握现实存在的个别事物，就必须把握"道"的运动规律，认识"道"的普遍原理。

十四、视之不见 …… 32
十五、古之善为道者 …… 34
十六、致虚极 …… 36
十七、太上，不知有之 …… 38
十八、大道废，有仁义 …… 40
十九、绝圣弃智 …… 41
二十、唯之与阿，相去几何 …… 43
二十一、孔德之容 …… 45
二十二、曲则全 …… 47
二十三、希言自然 …… 49
二十四、企者不立 …… 51
二十五、有物混成 …… 52
二十六、重为轻根 …… 54
二十七、善行，无辙迹 …… 56
二十八、知其雄 …… 58
二十九、将欲取天下而为之 …… 60
三十、以道佐人主者 …… 62

第三章　物极必反，盛极而衰

张松如说，老子的所谓"道"，只是由思维形式表述的一些东西，并不直接适用于对待客观现实的事物和现象。但"道"又是永恒的，即如"无名之朴"，是极幽微的，而且还适用于新旧转化运动的客观规律。在整个"大、逝、远、反"的进程中，它的存在是既具有形式和现象，又具有内容和本质属性。

三十一、夫兵者，不祥之器 ······ 66
三十二、道常无名 ······ 68
三十三、知人者智 ······ 69
三十四、大道泛兮 ······ 71
三十五、执大象 ······ 73
三十六、将欲歙之 ······ 74

第四章　上德不德，大成若缺

"德"有上下之分，"上德"完全合乎"道"的精神。"德"是"道"在人世间的体现，"道"是客观规律，而"德"是指人类认识并按客观规律办事。人们把"道"运用于人类社会产生的功能，就是"德"。"失道而后德"，这是在无为的类型内部说的，失道则沦为下德，那就与上仁相差无几了。"失德而后仁"，这是指离开了"无为"的类型才有了仁。仁已经是"有为""为之"了，所以"失仁而后义""失义而后礼"就是在"有为"范围内所显示出来的不同层次。

三十七、道常无为而无不为 ······ 78
三十八、上德不德 ······ 79
三十九、昔之得一者 ······ 82
四十、反者道之动 ······ 84
四十一、上士闻道 ······ 86
四十二、道生一 ······ 88
四十三、天下之至柔 ······ 90

四十四、名与身孰亲 ……………………………… 91

四十五、大成若缺 ………………………………… 93

四十六、天下有道 ………………………………… 94

四十七、不出户，知天下 ………………………… 96

第五章　出生入死，以正治国

　　老子生逢乱世，他看到人生危机四伏，生命安全随时随地受到威胁，因此他主张不要靠战争、抢夺来保护自己，不要以奢侈的生活方式来营养自己，而是清静无为、恪守"道"的原则。他不妄为，不伤害别人。别人也找不到对他下手的机会，这就可以排除造成人们寿命短促的人为因素。老子以本章文字对人们进行劝说，希望人们能够做到少私寡欲，清静质朴，纯任自然。

四十八、为学日益 ………………………………… 100

四十九、圣人常无心 ……………………………… 102

五十、出生入死 …………………………………… 103

五十一、道生之 …………………………………… 105

五十二、天下有始 ………………………………… 107

五十三、使我介然有知 …………………………… 109

五十四、善建者不拔 ……………………………… 111

五十五、含"德"之厚 …………………………… 112

五十六、知者不言 ………………………………… 114

五十七、以正治国 ………………………………… 116

五十八、其政闷闷 ………………………………… 119

五十九、治人事天 ………………………………… 121

六十、治大国，若烹小鲜 ………………………… 123

六十一、大邦者下流 ……………………………… 124

第六章　清静无为，报怨以德

对于人们来讲，"无为"和"无不为"无论工作还是求学，都是不移的至理。这也是一种朴素辩证法的方法论，暗含着对立统一的法则，隐含着由量变到质变的飞跃的法则。同时，我们也看到，本章的"无为"并不是讲人们无所作为，而是以"无为"求得"无不为"，老子说"是以圣人终不为大，故能成其大"。这正是从方法论上说明了老子的确是主张以无为而有所作为的。

六十二、道者万物之奥 ……………………………………… 128

六十三、为无为 ……………………………………………… 130

六十四、其安易持 …………………………………………… 131

六十五、古之善为道者 ……………………………………… 133

六十六、江海之所以能为百谷王者 ………………………… 135

六十七、天下皆谓我道大 …………………………………… 137

六十八、善为士者，不武 …………………………………… 139

六十九、用兵有言 …………………………………………… 141

七十、吾言甚易知 …………………………………………… 143

第七章　万物不争，无道无亲

老子认为，水虽然表面上看来是柔弱卑下的，但它能穿山透石，淹田毁舍，任何坚强的东西都阻止不了它、战胜不了它。因此，老子坚信柔弱的东西必能胜过刚强的东西。这里，老子所说的柔弱，是柔中带刚、弱中有强、坚忍无比。

七十一、知不知 ……………………………………………… 148

七十二、民不畏威 …………………………………………… 149

七十三、勇于敢则杀 ………………………………………… 151

七十四、民不畏死 …………………………………………… 152

七十五、民之饥 ……………………………………………… 154

七十六、人之生也柔弱 ……………………………………… 156

七十七、天之道 ……………………………………………… 157
七十八、天下莫柔弱于水 ………………………………… 159
七十九、和大怨 …………………………………………… 161
八十、小国寡民 …………………………………………… 163
八十一、信言不美 ………………………………………… 165

下篇　《道德经》深度报道

第一章　"无为之治"的道德观

老子的"道"是具有一种对宇宙人生独到的悟解和深刻的体察，这是源于他对自然界的细致入微的观察和一种强烈的神秘主义直觉而至。这种对自然和自然规律的着意关注，是构成老子哲学思想的基石。

一、"道"的革命性和合理性 …………………………… 170
二、闪光的朴素辩证法 …………………………………… 171
三、无为而治乃大治 ……………………………………… 172
四、思想的放荡 …………………………………………… 174
五、"天"的新发现 ……………………………………… 176
六、怪异思维何曾怪 ……………………………………… 177

第二章　以退为进的哲学

在厚重坚固的"门框"前面，暂时的低头并不意味着卑屈和降低人格，更不表明失去原则和自尊，而是一种艺术的处世方法和智者的表现。能屈能伸，刚柔兼济，从来不失为男子汉大丈夫的气度和风范。一时的低头是为了长久的抬头，正如暂时的退让是为了更好的前进。

一、王翦谨言慎行 ………………………………………… 180
二、智者有功不骄 ………………………………………… 181
三、萧何委曲保全 ………………………………………… 182

四、陈馀轻敌 …………………………………………………… 183
五、徐生预知霍家亡 …………………………………………… 184
六、轻敌必败 …………………………………………………… 185
七、在拐弯处谨慎小心 ………………………………………… 187

第三章　善于向一切人学习

　　老子认为，要善于向一切人学习：好的人是你的老师，不好的人也可以是你的借鉴。所以，不仅向好人学习，而且还要向不好的人学习。向不好的人学习，不是学坏，而是吸取教训，把坏人作为一面镜子，不使自己犯同样的错误。

一、有关道、名、有、无等概念 ……………………………… 190
二、不言之教 …………………………………………………… 191
三、智伯瑶害人害己 …………………………………………… 192
四、公仪伯看透事物本质 ……………………………………… 193
五、燕昭王以退为进 …………………………………………… 194
六、孔镛平定峒人 ……………………………………………… 195
七、逆反心理 …………………………………………………… 197
八、失去勋章的科学家 ………………………………………… 198
九、荣誉与玩具 ………………………………………………… 199

第四章　物极必反的智慧

　　当我们往一个杯子倒水的时候，若水量大于杯子的容量，水就会溢出来。锋利的剑，它又尖又锐，锋芒毕露，然而锋刃易卷，再磨再损，不久就会被人抛弃，因而老子说越尖锐的东西，越不会长久保存。这些现象都很好地诠释了物极必反的道理，启示我们要适可而止，进退有度。

一、张良功成身退 ……………………………………………… 202
二、袁了凡的故事 ……………………………………………… 203
三、大彻大悟的曾国藩 ………………………………………… 204

四、曾国藩的修身养性之道 ………………………………… 207
五、感谢竞争对手 ………………………………………… 208
六、轻松愉快地学习 ……………………………………… 210
七、一凡"出错" …………………………………………… 210
八、忍受极限 ……………………………………………… 212
九、丰田公司进军美国市场 ……………………………… 213

第五章 以德服人的处世原则

德，就是有好的品行。有德，便是一种坦荡，可以无私无畏，无拘无束，无尘无染。有德，便是一种豁达，是比海洋和天空更为博大的胸襟，是宽广和宽厚的叠加，延续着，升华着……德才兼备，同心同德，以德服人，这是人生处世的基本法则。

一、诸葛亮七擒孟获 ……………………………………… 216
二、张辽交友 ……………………………………………… 217
三、亡国之君南唐后主李煜 ……………………………… 218
四、一心为民的范仲淹 …………………………………… 220
五、无凭无据的信义 ……………………………………… 222
六、国王与三个儿子 ……………………………………… 223
七、顺其自然 ……………………………………………… 224
八、让长线变短 …………………………………………… 225
九、自己与别人 …………………………………………… 226
十、对手与潜能 …………………………………………… 227
十一、富兰克林制辩 ……………………………………… 228

第六章　敢于认错

人的一生不可能永不犯错，有时候错误只是自己的一时疏忽所造成，并不构成太大的得失；但如果不认错，可能犯了"戒禁取见"，后果可就不堪设想。所以一个人的际遇安危、成败得失，往往和自己能否"认错"有着十分密切的关系。

一、尧帝禅让 ……………………………………………… 232

二、孔子认错 ……………………………………………… 233

三、廉颇负荆请罪 ………………………………………… 234

四、制楚 …………………………………………………… 236

五、萧何月下追韩信 ……………………………………… 237

六、曹操的两次战役 ……………………………………… 239

七、茶师求死 ……………………………………………… 240

参考文献 …………………………………………………… 242

后　　记 …………………………………………………… 243

上篇 《道德经》智慧直播

第一章
上善若水，宠辱若惊

　　老子认为，宇宙间的事物都处在变化运动之中的，事物从产生到消亡，都是有始有终的，经常变化的，宇宙间没有永恒不变的东西。"道"的属性是唯物的还是唯心的？这是早已存在的一个问题，自古及今，它引起许多学者的浓厚兴趣。无论学术界在"道"的属性方面的争论多么激烈，学者们都一致认为老子的辩证法思想是其哲学上的显著特征。

一、道可道，非恒道

◎ 我是主持人

　　老子破天荒提出"道"这个概念，作为自己的哲学思想体系的核心。道的含义博大精深，可从历史的角度来认识、也可从文学的方面去理解，还可从美学原理去探求，更可从哲学体系的辩证法去思维……

　　哲学家们在解释"道"这一范畴时并不完全一致，有的认为它是一种物质性的东西，是构成宇宙万物的元素；有的认为它是一种精神性的东西，同时也是产生宇宙万物的泉源。不过在"道"的解释中，学者们也有大致相同的认识，即认为它是运动变化的，而非僵化静止的；而且宇宙万物包括自然界、人类社会和人的思维等一切运动，都是遵循"道"的规律而发展变化。总之，在这一节里，老子说"道"产生了天地万物，但它是非常深邃奥妙的，无法通过语言而就可以轻而易举地加以领会，这需要一个从"无"到"有"的循序渐进的过程。

◎ 原文

　　道可道也，非常道也。名可名也，非常名也。无名，天地之始也；有名，万物之母也。故常无，欲以观其眇；常有，欲以观其所徼。两者同出而异名，同谓之玄。玄之又玄，众眇之门。

◎ 注释

　　第一个"道"是名词，指的是宇宙的本原和实质，引申为原理、原则、真理、规律等。第二个"道"是动词，指解说、表述的意思，犹言"说得出"。

　　第一个"名"是名词，指"道"的形态。第二个"名"是动词，说明的意思。

无：指无形。

有：指有形。

母：母体，根源。

眇：通"妙"，微妙的意思。

徼：边际、边界。引申端倪的意思。

谓：称谓。此为"指称"。

玄：玄妙深远的含义。

门：之门，一切奥妙变化的总门径，此用来比喻宇宙万物的唯一原"道"的门径。

◎ 译文

"道"如果可以用言语来表述，那它就是常"道"（"道"是可以用言语来表述的，它并非一般的"道"）；"名"如果可以用文辞去命名，那它就是常"名"（"名"也是可以说明的，它并非普通的"名"）。"无"可以用来表述天地混沌未开之际的状况；而"有"，则是宇宙万物产生之本原的命名。因此，要常从"无"中去观察领悟"道"的奥妙；要常从"有"中去观察体会"道"的端倪。无与有这两者，来源相同而名称相异，都可以称之为玄妙、深远。它不是一般的玄妙、深奥，而是玄妙又玄妙、深远又深远，是宇宙天地万物之奥妙的总门（从"有名"的奥妙到达无形的奥妙，"道"是洞悉一切奥妙变化的门径）。

◎ 直播课堂

在这一节里，老子重点介绍的是他的哲学范畴——"道"。在历史上，韩非子生活的时代距离老子比较近，而且他是第一个为《道德经》作注的学者。关于什么是道，在《解老》中，韩非子这样说："道者，万物之所（以）然也。万理之所稽也。理者成物之文也。道者万物之所以成也。故曰道，理之者也。"这表明，韩非子是从唯物的观点来理解老子的"道"的。在《史记》中，司马迁把老子与韩非子列入同传（还附有庄子、申不害），即认为韩、庄、申"皆原于道德之意，而老子深远矣。"汉代的王充在《论衡》一书中，同样认为老子的"道"的思想是唯物论的。但是从东汉末年到魏晋时代，情形有了变化。一些学者体会老子哲学所谓"天下万

物生于有，有生于无"的妙义，肯定宇宙的本体只有一个"无"，号称玄学。随后佛学传入中国并渐渐兴盛起来，玄与佛合流，因而对"道"的解释，便倒向唯心论方面。宋明时期的理学家同样汲取了佛学与玄学思想，对老子的"道"，仍旧作了唯心主义解释。总之，"道"是唯物还是唯心论，学者们一直有着根本不同的看法。

二、天下皆知美之为美

◎ 我是主持人

本节内容分两层。第一层集中鲜明地体现了老子朴素的辩证法思想。他通过日常的社会现象与自然现象，阐述了世间万物存在都具有相互依存、相互联系、相互作用的关系，论说了对立统一的规律，确认了对立统一的永恒的、普遍的法则。

在前一层意思的基础上，展开第二层意思：处于矛盾对立的客观世界，人们应当如何对待呢？老子提出了"无为"的观点。此处所讲的"无为"不是无所作为，随心所欲，而是要以辩证法的原则指导人们的社会生活，帮助人们寻找顺应自然、遵循事物客观发展的规律。他以圣人为例，教导人们要有所作为，但不是强作妄为。学术界有人认为第一节是全书的总纲；也有人认为前两节是全书的引言，全书的宗旨都在其中了。

◎ 原文

天下皆知美之为美，斯恶已；皆知善之为善，斯不善已。有无之相生也，难易之相成也，长短之相刑也，高下之相盈也，音声之相和也，前后之相随，恒也。是以圣人居无为之事，行不言之教，万物作而弗始也，生而弗有，为而弗志也，功成而弗居也。夫唯弗居，是以弗去。

◎ 注释

斯：这。

恶已：恶、丑。已，通"矣"。

相：互相。

刑：通"形"，此指比较、对照中显现出来的意思。

盈：充实、补充、依存。

音声：汉代郑玄为《礼记·乐记》作注时说，合奏出的乐音叫做"音"，单一发出的音响叫做"声"。

圣人：古时人所推崇的最高层次的典范人物。

居：担当、担任。

无为：顺应自然，不加干涉、不必管束，任凭人们去干事。

作：兴起、发生、创造。

弗：弗，不。

志：指个人的志向、意志、倾向。

◎ 译文

天下人都知道美之所以为美，那是由于有丑陋的存在；都知道善之所以为善，那是因为有恶的存在。所以有和无互相转化，难和易互相形成，长和短互相显现，高和下互相充实，音与声互相谐和，前和后互相接随——这是永恒的。因此圣人用无为的观点对待世事，用不言的方式施行教化：听任万物自然兴起而不为其创始，有所施为，但不加自己的倾向，功成业就而不自居。正由于不居功，就无所谓失去。

◎ 直播课堂

老子在本节里指出，事物都有自身的对立面，都是以对立的方面为自己存在的前提，没有"有"也就没有"无"，没有"长"也就没有"短"；反之亦然。这就是中国古典哲学中所谓的"相反相成"。本节所用"相生、相成、相形、相盈、相和、相随"等，是指相比较而存在，相依靠而生成，只是不同的对立概念使用的不同动词。

在第三句中首次出现"无为"一词。无为不是无所作为，而是要按照自然界的"无为"的规律办事。老子非常重视矛盾的对立和转化，他的这

一见解，恰好是朴素辩证法思想的具体运用。他幻想着有所谓"圣人"能够依照客观规律，以无为的方式去化解矛盾，促进自然的改造和社会的发展。在这里，老子并非夸大了人的被动性，而是主张发挥人的创造性，像"圣人"那样，用无为的手段达到有为的目的。显然，在老子哲学中有发挥主观能动性，去贡献自己的力量，去成就大众的事业的积极进取的因素。

三、不尚贤

◎ 我是主持人

在老子生活的春秋末期，天下大乱，国与国之间互相征战、兼并，大国称霸，小国自保，统治者们为维持自己的统治，纷纷招揽贤才，用以治国安邦。在当时的社会生活中，处处崇尚贤才，许多学派和学者都提出"尚贤"的主张，这原本是为国家之本着想。然而，在尚贤的旗号下，一些富有野心的人，竞相争权夺位，抢占钱财，给民间也带来恶劣影响。一时间，民心紊乱，盗贼四起，社会处于动荡、大变动的形势。针对社会上被人们所推崇的"尚贤"这一主张，老子在第三节里提出不尚贤的观点，同时也批评了由"尚贤"而引起的追求物质利益的欲望。

这一节里老子主张"不尚贤""使民无知、无欲"，他设想要人们回到一种无矛盾的"无为"境界。然而，人类社会的物质文明和精神文明，必定是都要不断地发展提高，老子的这种想法是不可能实现的，是消极的。

老子看到了古代社会现实动乱不安、矛盾突出，这是出于差别的存在，老子想用减少差别，来减轻或避免社会矛盾，这也反映了他进步的一面。

◎ 原文

不尚贤，使民不争；不贵难得之货，使民不为盗；不见可欲，使民心

不乱。是以圣人之治也，虚其心，实其腹，弱其志，强其骨，恒使民无知、无欲也。使夫智者不敢为也。为无为，则无不治矣。

◎ 注释

贤：有德行、有才能的人。

贵：重视，珍贵。

货：财物。

盗：窃取财物。

见：通"现"，出现，显露。此是显示、炫耀的意思。

虚其心：虚，空虚。心，古人以为心主思维，此指思想，头脑。使他们心里空虚，无思无欲。

弱其志：使他们减弱志气，削弱他们竞争的意图。

敢：进取。

治：治理，此意是治理得天下太平。

◎ 译文

不推崇有才德的人，使老百姓不互相争夺；不珍爱难得的财物，使老百姓不去偷窃；不显耀足以引起贪心的事物，使民心不被迷乱。因此，圣人的治理原则是：排空百姓的心机，填饱百姓的肚腹，减弱百姓的竞争意图，增强百姓的筋骨体魄，经常使老百姓没有智巧，没有欲望。致使那些有才智的人也不敢妄为造事。圣人按照"无为"的原则去做，办事顺应自然，那么，天才就不会不太平了。

◎ 直播课堂

在上一节里，老子提出了"无为"的概念，认为要顺应自然规律，做到"无为"。本节里，老子进一步阐述了他的社会政治思想。老子所说的无为，并非不为，而是不妄为，不非为。他认为，体现"道"的"圣人"，要治理百姓，就应当不尊尚贤才异能，以使人民不要争夺权位、功名利禄。先秦时代关于选贤用能的学说已成强大的社会舆论，各诸侯国争用贤才也形成必然的趋势。老子在这种背景下，敢于提出"不尚贤"的观点，与百家诸子形成对立，似乎不合时宜。不过，在老子的观点中，不包含贬

低人才、否定人才的意思。而是说，统治者不要给贤才过分优越的地位、权势和功名，以免使"贤才"成为一种诱惑，引起人们纷纷争权夺利。

在本节里，老子透露出他的人生哲学的出发点，他既不讲人性善，也不讲人性恶，而是说人性本来是纯洁素朴的，犹如一张白纸。如果社会出现尚贤的风气，人们对此当然不会视而不见，肯定会挑动起人们的占有欲、追逐欲，从而导致天下大乱。倘若不使人们看到可以贪图的东西，那么人们就可以保持"无知无欲"的纯洁本性。

不使人们贪欲，并不是要剥夺人们的生存权利，而是要尽可能地"实其腹""强其骨"，使老百姓的生活得到温饱，身体健壮可以自保自养；此外要"虚其心""弱其志"，使百姓们没有盗取利禄之心，没有争强好胜之志，这样做，就顺应了自然规律，就做到了无为而治。这一节与前节相呼应，从社会的角度，使人人都回归纯洁的、无知无欲的自然本性。这样以自然规律治理人事，天下自然可以得到治理了。

老子的"无为"思想和学说，在当时的历史条件下，有其进步的一面和合理的因素。他认为，历史的发展有其一定的自然规律。这规律不由上帝安排、操纵，也不受人的主观意志支配，而是客观的、自然的。这种观点对当时思想界存在的敬天法祖的观念和某些宗教迷信观念，起到一定的破坏作用。

四、道冲，而用之或不盈

◎ **我是主持人**

在本节里，老子仍然在论述"道"的内涵。他认为，"道"是虚体的，无形无象，人们视而不见，触而不着，只能依赖于意识去感知它。虽然"道"是虚体的，但它并非一无所有，而是蕴涵着物质世界的创造性因素。这种因素极为丰富，极其久远，存在于天帝产生之先。因而，创造宇宙天地万物自然界的是"道"，而不是天帝。这样，老子从物质方面再次解释了"道"的属性。

承接第一节内容"无形",老子称颂"道"虽然虚不见形,但不是空无所有,从"横"的角度谈,"道"是无限博大,用之不尽;再从"纵"的角度谈;"道"又是无限深远,无以追溯其来历,它好像是自然万物的祖宗,又好像是天帝(上帝)的祖先。从此说来,不是上帝(天帝)造物,而是"道"生上帝(天帝),继生万物。"道"的作用是宇宙至高无上的主宰。

◎ 原文

道冲,而用之或不盈也。渊兮!似万物之宗。挫其锐,解其纷,和其光,同其尘。湛兮!似或存。吾不知其谁之子,象帝之先。

◎ 注释

冲:通"盅",器物虚空,比喻空虚。

盈:满,引申为尽。

渊:深远。

宗:祖宗,祖先。

挫其锐:消磨掉它的锐气。

解其纷:消解掉它的纠纷。

和其光:调和隐蔽它的光芒。

同其尘:把自己混同于尘俗。以上四个"其"字,都是说的道本身的属性。

湛:沉没,引申为隐约的意思。段玉裁在《说文解字注》中说,古书中"浮沉"的"沉"多写作"湛"。"湛""沉"古代读音相同。这里用来形容"道"隐没于冥暗之中,不见形迹。

似或存:似乎存在。形容"道"若无若存。

象:似。

◎ 译文

大"道"空虚无形,但它的作用又是无穷无尽。深远啊!它好像万物的祖宗。消磨它的锋锐,消除它的纷扰,调和它的光辉,混同于尘垢。隐没不见啊，又好像实际存在。我不知道它是谁的后代，似乎是天帝的祖先。

◎ **直播课堂**

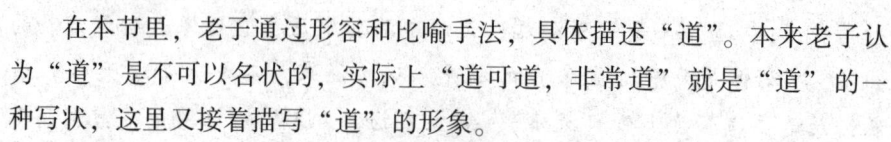

在本节里，老子通过形容和比喻手法，具体描述"道"。本来老子认为"道"是不可以名状的，实际上"道可道，非常道"就是"道"的一种写状，这里又接着描写"道"的形象。

老子说，道是空虚无形的，但它所能发挥的作用却是无法限量的，是无穷无尽而且永远不会枯竭。它是万事万物的宗主，支配着一切事物，是宇宙天地存在和发展变化必须依赖的力量。在这里，老子自问："道"是从哪里产生出来的呢？他没有作出正面回答，而是说它存在于天帝现相之前。既然在天帝产生以前，那么天帝也就无疑是由"道"产生出来的。由此，研究者们得出结论，认为老子确实提出了无神论的思想。

也有的学者把老子的"道"与古希腊哲学家赫拉克利特的"逻各斯"相提并论，认为这两个范畴的内涵非常接近。赫拉克利特的"逻各斯"是永恒的存在，万事万物皆依"逻各斯"而产生。但它不是任何神或者任何人所创造的，而是创造世界的种子，是一种"以太"的物体。"逻各斯"无时无处不存在于自然界和人类社会，但人们却不能感觉到它的存在，然而它的存在是确实的。（可参阅《古希腊罗马哲学》第6—7页）老子的"道"同样具有"逻各斯"的这些属性和职能，二者的形象十分近似。

在前四节里，老子集中提出了"道"是宇宙的本原，而且先于天帝而存在；事物都是互相矛盾而存在的，并且处于变化发展之中等观点。此外，老子还提出了他自己对社会政治和人生处世的某些基本观点。这些学说无不充满着智慧。

五、天地不仁

◎ 我是主持人

　　本节的内容主要包括两方面的意思，一是老子再次表述了自己无神论的思想倾向，否定当时思想界存在的把天地人格化的观点。他认为天地是自然的存在，没有理性和感情，它的存在对自然界万事万物不会产生任何作用，因为万物在天地之间依照自身的自然规律变化发展，不受天、神、人的左右。二是老子又谈到"无为"的社会政治思想，这是对前四节内容的进一步发挥。他认为，作为圣人——理想的统治者，应当是遵循自然规律，采取无为之治，任凭老百姓自作自息、繁衍生存，而不会采取干预的态度和措施。

　　本节也是承上节对"道冲"作进一步论述。此处由"天道"推论"人道"，由"自然"推论"社会"，核心思想是阐述清静无为的好处。

　　本节用具体比喻说明如何认识自然和正确对待自然，论述天地本属自然，社会要顺乎自然，保持虚静，比喻鲜明生动。

◎ 原文

　　天地不仁，以万物为刍狗；圣人不仁，以百姓为刍狗。天地之间，其犹橐籥乎？虚而不屈，动而愈出。多闻数穷，不若守于中。

◎ 注释

　　刍狗：用草扎成的狗。古代专用于祭祀之中，祭祀完毕，就把它扔掉或烧掉。比喻轻贱无用的东西。在本文中比喻：天地对万物，圣人对百姓都因不经意、不留心而任其自长自消，自生自灭。

　　犹：如同、好像的意思。

橐籥：古代冶炼时为炉火鼓风用的助燃器具——袋囊和送风管，是古代的风箱。

屈：竭尽，穷尽。

多闻数穷：闻，见闻，知识。数，通"速"，是加快的意思。穷，困穷，穷尽到头，无路可行。老子认为，见多识广，有了智慧，反而政令烦苛，破坏了天道。

中：中，通"冲"，指内心的虚静。

◎ 译文

天地是无所谓仁慈的，它没有仁爱，对待万事万物就像对待刍狗一样，任凭万物自生自灭。圣人也是没有仁爱的，也同样像刍狗那样对待百姓，任凭人们自作自息。天地之间，岂不像个风箱一样吗？它空虚而不枯竭，越鼓动风就越多，生生不息。政令繁多反而更加使人困惑，更行不通，不如保持虚静。

◎ 直播课堂

这一节从反对"有为"的角度出发，老子仍谈论的是"无为"的道理。天地不仁，表明天地是一个物理的、自然的存在，并不具有人类般的理性和感情；万物在天地之间依照自然法则运行，并不像有神论者所想象的那样，以为天地自然法则对某物有所偏爱，或对某物有所嫌弃，其实这只是人类感情的投射作用。这一见解，表现了老子反对鬼神术数的无神论思想，是值得重视的进步思想。从"无为"推论下去，无神论是符合逻辑的必然结果。他认为天地是无为的，自然界的一切事物，只需依照自然界的发展规律生长变化，不需任何主宰者驾凌于自然之上来加以命令和安排。

老子对此问题，通过生活中的两件事加以解说。一是人们祭祀时使用的以草扎制而成的狗，祈祷时用它，用完后随手就把它扔掉了。同样，圣人无所偏爱，取法于天地之纯任自然。即圣明的统治者对老百姓也不应有厚有薄，而要平等相待，让他们根据自己的需要安排作息。二是使用的风箱，只要拉动就可以鼓出风来，而且不会竭尽。天地之间好像一个风箱，空虚而不会枯竭，越鼓动风越多。

老子通过这两个比喻想要说明的问题是："多闻数穷，不如守中"。政令烦苛，只会加速其败亡，不如保持虚静状态。这里所说的中，不是中正之道，而是虚静。儒家讲中正、中庸、不偏不倚，老子讲的这个"中"，还含有"无数"的意思。即用很多强制性的言辞法令来强制人民，很快就会遭到失败，不如按照自然规律办事，虚静无为，万物反能够生化不竭。有为，总不会有好的结果，这是老子在本节最后所提出的警告。

总之，本节的主旨仍是宣传"虚用"，同前两节相连，犹在宣传"无为"，所使用的方法，仍是由天道而人道，由自然而社会。

六、谷神不死

◎ 我是主持人

老子在这一节里继续说明"道"的特征。他所运用的方法仍是比喻、借代。他用"谷"象征"道"，说明"道"既是空虚的又是实在的；他用"神"比喻"道"，说明"道"生万物，绵延不断；他用"玄牝之门"比喻"道"是产生万事万物根源，等等。他想说明"道"的作用是无穷无尽的，从时间而言，它历久不衰，天长地久。从空间而言，它无处不在、无穷无尽。它孕育着宇宙万物而生生不息。

◎ 原文

谷神不死，是谓玄牝。玄牝之门，是谓天地之根。绵绵若存，用之不勤。

◎ 注释

谷神：过去据高亨说：谷神者，道之别名也。谷读为穀，《尔雅·释言》："穀，鞠，生也。"《广雅·释诂》："穀，养也。"谷神者，生养之神。另据严复在《老子道德经评点》中的说法，"谷神"不是偏正结构，是联合结构。谷，形容"道"虚空博大，像山谷；神，形容"道"变化无穷，很神奇。

玄牝：玄，原义是深黑色，在《道德经》书中是经常出现的重要概念。有深远、神秘、微妙难测的意思。牝，本义是雌性的兽类动物，这里借喻具有无限造物能力的"道"。玄牝指玄妙的母性。这里指孕育和生养出天地万物的母体。

门：指产门。这里用雌性生殖器的产门的具体义来比喻造化天地生育万物的根源。

绵绵：连绵不绝的样子。

若存：若，如此，这样。实际存在却无法看到的意思。

勤：作"尽"讲。

◎ 译文

生养天地万物的道（谷神）是永恒长存的，这叫做玄妙的母性。玄妙母体的生育之产门，这就是天地的根本。连绵不绝啊！它就是这样不断地永存，作用是无穷无尽的。

◎ 直播课堂

本节用简洁的文字描写形而上的实存的"道"，即继续阐述第四节"道"在天地之先的思想，用"谷"来象征"道"体的虚状；用"神"来比喻"道"生万物的绵延不绝，认为"道"是在无限的空间支配万物发展变化的力量，是具有一定物质规律性的统一体。它空虚幽深，因应无穷，永远不会枯竭，永远不会停止运行。这种支配万物发展变化的力量，就是对立统一规律。"谷神不死"，体现出"道"的永恒性，即恒"道"。

"玄牝之门"是产生万事万物的地方，它的作用非常之大。"玄牝之门""天地根"，都用来说明"道"为产生天地万物的始源。古代也有人把本节的要旨解释为胎息养生之术，认为"天地之门，以吐纳阴阳生死之所气。每至旦，面向午，展两手于膝之上，徐徐按捺百节，口吐浊气，鼻引清气，所以吐故纳新。是蹙气良久，徐徐吐之，仍以左右手上下前后拓。承气之时，意想太平元气，下人毛际，流于五脏，四肢绵受其润，如山纳云，如地受泽，面色光涣，耳目聪明，饮食有味，气力倍加，诸疾去矣。"（《御览方术部》引《修养杂诀》）这是把老子的思想与传统养生术联系起来的解释。这种思考的角度，也不失为对老子学说的一种发挥。

七、天长地久

◎ 我是主持人

本节也是由天道推论人道，反映了老子以退为进的思想主张。老子认为，天地由于"无私"而长存永在，人间"圣人"由于退身忘私而成就其理想。如大禹为人民治水，八年在外三过其门而不入，人民拥戴他为天子。

老子用朴素辩证法的观点，说明利他（"退其身""外其身"）和利己（"身先""身存"）是统一的，利他往往能转化为利己，老子想以此说服人们都来利他，这种谦退无私精神，有其积极的意义。

◎ 原文

天长，地久。天地之所以能长且久者，以其不自生也，故能长生。是以圣人后其身而身先，外其身而身存，非以其无私邪？故能成其私。

◎ 注释

长、久：均指时间长久。

以其不自生也：以，因为。因为它不为自己生存。以，因为。

身：自身，自己。以下三个"身"字同。

先：居先，占据了前位。此处指高居人上的意思。

外其身：外，是方位名词作动词用，使动用法。这里是置之度外的意思。

邪（yé）：同"耶"，助词，表示疑问的语气。

◎ 译文

天地所以能长久存在，是因为它们不为了自己的生存而自然地运行着。

因此，有道的圣人遇事谦退无争，反而能在众人之中领先；将自己置之度外，反而能保全自身生存。这不正是因为他无私吗？所以能成就他的自身。

◎ **直播课堂**

　　天地是客观存在的自然，是"道"所产生并依"道"的规律运行而生存，从而真正地体现道。老子赞美天地，同时以天道推及人道，希望人道效法天道。在老子的观念中，所谓人道，即以天道为依归，也就是天道在具体问题上的具体运用。这一点，是老子书中经常发挥的观点，在本节里，他就表达了这种观点。接下来，老子以"圣人"来说明人道的问题。圣人是处于最高地位的理想的治者，对他而言，人道既要用于为政治世，又要用于修身养性，而且要切实效法天地的无私无为。对天地来说，"以其不自生也，故能长生。"对圣人来说，"不以其无私邪？故能成其私。"这其中包含有辩证法的因素，不自生故能长生，不自私故能成其私，说明对立着的双方在互相转化。通俗地讲，老子所赞美的圣人能谦居人后，能置身度外，他不是对什么事都插手，而是从旁边把事情看清了再帮一把，反而能够站得住脚。这种思想，有人认为是为人处世的智慧，以无争争，以无私私，以无为为；也有人指责老子学说中多讲诈术，尤其是"非以其无私邪？故能成其私"一句，常被人们引用为论据，认为圣人想保住自己的权位，却用了狡诈的方式，耍了一种滑头主义的手腕，等等。仁智互见，在《道德经》书的许多观点来讲都是如此。对各种解释可以姑且存之，经比较研究，终究可以找到切合实际的观点。

八、上善若水

◎ **我是主持人**

　　在上一节以天地之道推及人道之后，这一节又以自然界的水来喻人、教人。老子首先用水性来比喻有高尚品德者的人格，认为他们的品格像水那样，一是柔，二是停留在卑下的地方，三是滋润万物而不与争。最完善的人格也应该具有这种心态与行为，不但做有利于众人的事情而不与争，而且还愿意去众人不愿去的卑下的地方，愿意做别人不愿做的事情。他可以忍辱负重，任劳任怨，能尽其所能地贡献自己的力量去帮助别人，而不会与别人争功、争名、争利，这就是老子"善利万物而不争"的著名思想。

◎ 原文

上善若水。水善利万物而不争，处众人之所恶，故几于道。居，善地；心，善渊；与，善仁；言，善信；政，善治；事，善能；动，善时。夫唯不争，故无尤。

◎ 注释

上善若水：上，最的意思。上善即最善。这里老子以水的形象来说明"圣人"是道的体现者，因为圣人的言行有类于水，而水德是近于道的。

处众人之所恶：处于众人所不愿去的地方。

几于道：几，接近。即接近于道。

渊：沉静、深沉。

与：指与别人相交相接。

善仁：指有修养之人。

政，善治：为政善于治理国家，从而取得治绩。

动，善时：行为动作善于把握有利的时机。

尤：怨咎、过失、罪过。

◎ 译文

最善的人好像水一样。水善于滋润万物而不与万物相争，停留在众人都不喜欢的地方，所以最接近于"道"。最善的人，居处最善于选择地方，心胸善于保持沉静而深不可测，待人善于真诚、友爱和无私，说话善于恪守信用，为政善于精简处理，能把国家治理好，处事能够善于发挥所长，行动善于把握时机。最善的人所作所为正因为有不争的美德，所以没有过失，也就没有怨咎。

◎ **直播课堂**

　　老子在自然界万事万物中最赞美水，认为水德是近于道的。而理想中的"圣人"是道的体现者，因为他的言行有类于水。为什么说水德近于道呢？王夫之解释说："五行之体，水为最微。善居道者，为其微，不为其著；处众之后，而常德众之先。"以不争争，以无私私，这就是水的最显著特性。水滋润万物而无取于万物，而且甘心停留在最低洼、最潮湿的地方。在此后的七个并列排比句中，都具有水德的写状，同时也是介绍善之人所应具备的品格。老子并列举出七个"善"字，都是受到水的启发。最后的结论是：为人处世的要旨，即为"不争"。也就是说，宁处别人之所恶也不去与人争利，所以别人也没有什么怨尤。

　　《荀子·宥坐》记载了孔子答弟子子贡问水的一段对话："孔子观于东流之水。子贡问于孔子曰：君子之所以见大水必观焉者，是何？孔子曰：夫水，遍与诸生而无为也，似德。其流也埤下，裾拘必循其理，似义。其洸洸乎不淈尽，似道。若有决行之，其应佚若声响，其赴而仞之谷不惧，似勇。主量必平，似法，盈不求概，似正。淖约微达，似察。以出以入，以就鲜洁，似善化。其万折也必东，似志。是故君子见大水必观焉。"在此处，孔子以水描述了他理想中的具备崇高人格的君子形象，这里涉及德、义、道、勇、法、正、察、志以及善化等道德范畴。这其中的观点与道家有显而易见的区别，但也有某些相似之处。可以此段引文与《道德经》第八节参照阅读。

九、持而盈之

◎ **我是主持人**

　　这一节正面讲一般人的为人之道，主旨是要留有余地，不要把事情做得太过，不要被胜利冲昏头脑。老子认为，不论做什么事都不可过度，而应该适可即止，锋芒毕露，富贵而骄，居功贪位，都是过度的表现，难免招致灾祸。一般人遇到名利当头的时候，没有不心醉神往的，没有不趋之若鹜的。老子在这里说出了知进而不知退、善争而不善让的祸害，希望人们把握好度，适可而止。本节的主旨在于写"盈"。"盈"即是满溢、过度的意思。自满自骄都是"盈"的表现。持"盈"的结果，将不免于倾覆的祸患。所以老子谆谆告诫人们不可"盈"，一个人在成就了功名之后，就应当身退不盈，才是长保之道。

◎ 原文

持而盈之，不如其已；揣而锐之，不可长保。金玉满堂，莫之能守；富贵而骄，自遗其咎。功成身退，天之道也。

◎ 注释

持而盈之：持，手执、手捧。此句意为持执盈满，自满自骄。
不如其已：已，止。不如适可而止。
揣而锐之：揣，捶击的意思。把铁器磨得又尖又利。
长保：不能长久保存。
咎：过失、灾祸。
功成身退：功成名就之后，不再身居其位，而应适时退下。"身退"并不是退隐山林，而是不居功贪位。
天之道：指自然规律。

◎ 译文

执持盈满，不如适时停止；显露锋芒，锐势难以保持长久。金玉满堂，无法守藏；如果富贵到了骄横的程度，那是自己留下了祸根。一件事情做得圆满了，就要含藏收敛，这是符合自然规律的道理。

◎ 直播课堂

本节论述的重点是"盈"和"功成身退"。贪慕权位利禄的人，往往得寸进尺；恃才傲物的人，总是锋芒毕露，耀人眼目，这些是应该引以为戒的。否则，富贵而骄，便会招来祸患。就普通人而言，建立功名是相当困难的，但功成名就之后如何去对待它，那就更不容易了。老子劝人功成而不居，急流勇退，结果可以保全天年。然而有些人则贪心不足，居功自傲，忘乎所以，结果身败名裂。

　　作为普通人要做到淡泊名利与地位，才有可能"功成身退"。事物的发展本来就是向着自己的反面在一定条件下转化的，否泰相参、祸福相倚，古今中外的历史上长盛不衰能有几人？"功成名就"固然是好事，但其中却也含有引发祸水的因素。老子已经悟出辩证法的道理，正确指出了进退、荣辱、正反等互相转化的关系，否则便会招致灾祸。因而他奉劝人们急需趁早罢手，见好即收。在事情做好之后，不要贪婪权位名利，不要尸位其间，而要收敛意欲，含藏动力。宋代著名文学家欧阳修有这样的词句："定册功成身退勇，辞荣辱，归来白首笙歌拥"（《渔家傲》），这正体现了"功成身退"的精神。

十、载营魄抱一

◎ 我是主持人

　　这一节着重讲修身的功夫。开头六句提出六个疑问，疑问本身就是最好的答案。是把"道"在运用于修身治国方面所做的几条总结，对一般人和统治者提出了概括的要求。老子要求人们无论是形体还是精神，无论是主观努力还是客观实际，都不可能是完全一致的。但是人们在现实生活中应该将精神和形体合一而不偏离，即将肉体生活与精神生活和谐。这样就必须做到心境极其静定、涤除杂念、摒除妄见，懂得自然规律，加深自身的道德修养，才能够"爱民治国"。

◎ 原文

　　载营魄抱一，能无离乎？专气致柔，能如婴儿乎？涤除玄鉴，能无疵乎？爱民治国，能无为乎？天门开阖，能为雌乎？明白四达，能无知乎？

生之畜之，生而不有，为而不恃，长而不宰，是谓玄德。

◎ 注释

载营魄抱一：载，用作助语句，相当于夫。营魄，即魂魄。抱一，即合一。一，指道。意为魂魄合而为一，即合于道。又解释为身体与精神合一。

专气：专，结聚之意。专气即集气。

能如婴儿乎：能像婴儿一样吗？

涤除玄鉴：涤，扫除、清除。玄，奥妙深邃。鉴，镜子。指人心灵深处明澈如镜、深邃灵妙。

爱民治国能无为乎：即无为而治。

天门：有多种解释，一说指耳目口鼻等人的感官；一说指兴衰治乱之根源；一说是指自然之理；一说是指人的心神出入即意念和感官的配合等。此处依"感官说"。

开阖：即动静、变化和运动。

雌：宁静。

知：通"智"，指心智、心机。

畜：养育、繁殖。

玄德：玄秘而深邃的德性。

◎ 译文

精神和形体合一，能不分离吗？聚结精气以致柔和温顺，能像婴儿的无欲状态吗？清除杂念而深入观察心灵，能没有瑕疵？爱民治国能遵行自然无为的规律吗？感官与外界的对立变化相接触，能宁静吧？明白四达，能不用心机吗？让万事万物生长繁殖，产生万物、养育万物而不占为己有，作万物之长而不主宰他们，这就叫做"玄德"。

◎ 直播课堂

本节继续深入阐述有关修身的问题。开头六句提出六种情况、六个疑问："能无离乎？""能如婴儿乎？""能无疵乎？""能为雌乎？""能无为乎？""能无知乎？"这六个问题实际上说的就是有关修身、善性、为学、

治国诸多方面的内容。对于这一节的解释，学术界有些分歧。一是对"生之畜之，生而不有，为而不恃，长而不宰，是谓玄德"这句话的判定，有人认为是与五十一节"道生之，德畜之"等相雷同，因而系错简；也有人认为，五十一节就道而言，本节就圣人而言，文句相同，其对象不同。在《道德经》一书中，文相同或近似的情况，前后重复的情况都是常见的现象，不必认定为错简。此外对于"载营魄抱一"的"一"，有学者认为此一为"一身"的意思，即精神与躯体合而为一身，不可分离；有人认为"一"即"道"，"抱一"即统一于道；也有人认为"一"可以当"专一"解释，此句译为人要安居于常居之所，专一慎独，须臾也不能受物欲的诱惑。本书依从前种观点。

十一、三十辐共一毂

◎ 我是主持人

在现实社会生活中，一般人只注意实有的东西及其作用，而忽略了虚空的东西及其作用。对此，老子在本节里论述了"有"与"无"即实在之物与空虚部分之间的相互关系。他举例说明"有"和"无"是相互依存的、相互为用的；无形的东西能产生很大的作用，只是不容易被一般人所觉察。他特别把"无"的作用向人们显现出来。老子举了三个例子：车子的作用在于载人运货；器皿的作用在于盛装物品；房屋的作用在于供人居住，这是车、皿、室给人的便利。车子是由辐和毂等部件构成的，这些部件是"有"，毂中空虚的部分是"无"，没有"无"车子就无法行驶，当然也就无法载人运货，其"有"的作用也就发挥不出来了。器皿没有空虚的部分，即无"无"，就不能起到装盛东西的作用，其外壁的"有"也无法发挥作用。房屋同样如此，如果没有四壁门窗之中空的地方可以出入、采光、流通空气，人就无法居住，可见是房屋中的空的地方发挥了作用。本节所讲的"有"与"无"是就现象界而言的，与第一节所说"有"与

"无"不同，后者是就超现象界而言的，读者应注意加以区别。

◎ 原文

　　三十辐共一毂，当其无，有车之用。埏埴以为器，当其无，有器之用。凿户牖以为室，当其无，有室之用。故有之以为利，无之以为用。

◎ 注释

　　辐：车轮中连接轴心和轮圈的木条，古时的车轮由三十根辐条所构成。此数取法于每月三十日的历次。

　　毂：是车轮中心的木制圆圈，中有圆孔，即插轴的地方。

　　当其无，有车之用："无"指毂的中间空的地方。有了车毂中空的地方，才有车的作用。

　　埏埴：埏，和。埴，土。即和陶土做成供人饮食使用的器皿。

　　户牖：门窗。

　　有之以为利，无之以为用："有"给人便利，"无"也发挥了作用。

◎ 译文

　　三十根辐条汇集到一根毂中的孔洞当中，有了车毂中空的地方，才有车的作用。揉和陶土做成器皿，有了器具中空的地方，才有器皿的作用。开凿门窗建造房屋，有了门窗四壁内的空虚部分，才有房屋的作用。所以，"有"给人便利，"无"发挥了它的作用。

◎ 直播课堂

　　在《道德经》一开始，老子用大部分篇节，通过认识天地、刍狗、风箱、山谷、水、土、容器、锐器、车轮、房屋等具体的东西去发现抽象的道理。他的学说往往是从具体到抽象、从感性认识到理性认识，而并非总在故弄玄虚。冯友兰先生曾说："老子所说的'道'，是'有'与'无'的统一，因此它虽然是以'无'为主，但是也不轻视'有'，它实在也很重视'有'，不过不把它放在第一位就是了。老子第二篇说'有无相生'，第十一节说'三十辐共一毂，当其无，有车之用。埏埴以为器，当其无，有器之用。凿户牖以为室，当其无，有室之用。故有之以为利，无之以为用.'这一段话很巧妙地说明'有'和'无'的辩证关系。一个碗或茶盅中间是空的,可正是那个空的部分起了碗或茶盅的作用。房子里面是空的,可正是那个空的部分起了碗或茶盅的作用。如果是实的,人怎么住进去呢？老子作出结论说'有之以为利,无之以为用',它把'无'作为主要的对立面。老子认为碗、茶盅、房子等是'有'和'无'的辩证的统一,这是对的；但是认为'无'是主要对立面,这就错了。毕竟是有了碗、茶盅、房子等,其中空的地方才能发挥作用。如果本来没有茶盅、碗、房子等,自然也就没有中空的地方,任何作用都没有了。"

十二、五色令人目盲

◎ **我是主持人**

对于这一节,人们普遍认为老子是针对奴隶主贵族贪欲奢侈、纵情声色而写的,是揭露和劝诫,也是严正警告。但学者对此节在具体解释时,却有两种截然不同的意见。一种意见说,老子从反对统治阶级腐朽生活出发,得出一般结论,即反对一切声色,否定发展文化。持此观点的人认为,老子所谓"为腹不为目"的说法,是把物质生活和精神文明对立起来,是他的愚民思想的一种表现,即只要给人们温饱的生活就可以了,这是彻底的文化否定论。另一种意见认为,老子所说的五色、五音、五味、围猎之乐、难得之货,并非都是精神文明,所以不存在把物质生活与精神文明对立起来的问题,这些反映了奴隶主贵族糜烂生活那令人目盲、令人耳聋、令人心发狂的腐朽文化,这种文化的价值也不过等同于打猎之乐和难得之货。这两种意见都有自己的道理,有理解上的差异,也有学者价值观的区别。不过,此处的争论倒是提醒我们今天在发展物质文明的同时,重视精神文明的发展,反对物欲横流引起的精神腐蚀。

◎ 原文

　　五色令人目盲；五音令人耳聋；五味令人口爽；驰骋畋猎，令人心发狂；难得之货，令人行妨；是以圣人为腹不为目，故去彼取此。

◎ 注释

　　五色：指青、黄、赤、白、黑。此指色彩多样。
　　目盲：比喻眼花缭乱。
　　五音：指宫、商、角、徵、羽。这里指多种多样的音乐声。
　　耳聋：比喻听觉不灵敏，分不清五音。
　　五味：指酸、苦、甘、辛、咸。这里指多种多样的美味。
　　口爽：意思是味觉失灵，生了口病。古代以"爽"为口病的专用名词。
　　驰骋：纵横奔走，比喻纵情放荡。
　　畋猎：畋，打猎的意思。打猎获取动物。
　　心发狂：心旌放荡而不可制止。
　　行妨：妨，妨害、伤害。伤害操行。
　　为腹不为目："腹"在这里代表一种简朴宁静的生活方式；"目"代表一种巧伪多欲的生活方式。只求温饱安宁，而不为纵情声色之娱。
　　去彼取此："彼"指"为目"的生活；"此"指"为腹"的生活。摒弃物欲的诱惑，而保持安定知足的生活。

◎ 译文

　　缤纷的色彩，使人眼花缭乱；嘈杂的音调，使人听觉失灵；丰盛的食物，使人舌不知味；纵情狩猎，使人心情放荡发狂；稀有的物品，使人行为不轨。因此，圣人但求吃饱肚子而不追逐声色之娱，所以摒弃物欲的诱惑而保持安定知足的生活方式。

◎ 直播课堂

　　老子生活的时代，正处于新旧制度相交替、社会动荡不安之际，奴隶主贵族生活日趋腐朽糜烂。他目睹了上层社会的生活状况，因而他认为社会的正常生活应当是为"腹"不为"目"，务内而不逐外，但求安饱，不求纵情声色之娱。在此，老子所反对的奴隶主贵族的腐朽生活方式，并不是普通劳动民众的，因为"五色""五味""五声"、打猎游戏、珍贵物品并不是一般劳动者可以拥有的，而是贵族生活的组成部分。因此，我们认为老子的观点并不是要把精神文明与物质文明对立起来，并不是否定发展文化，不像有些学者所言，认为老子的这些观点是他对人类社会现实和历史发展所持的狭隘庸俗的反历史观点。他希望人们能够丰衣足食，建立内在宁静恬淡的生活方式，而不是外在贪俗的生活。一个人越是投入外在化的旋涡里，则越会流连忘返，产生自我疏离感，而心灵则会日益空虚。所以，老子才提醒人们要摒弃外界物欲的诱惑，保持内心的安足清静，确保固有的天性。如今，现代文明高度发达，许多人只求声色物欲的满足，价值观、道德观严重扭曲，在许多场合可以普遍看到人心发狂的事例。读了本节，令人感慨不已。人类社会的精神文明应与物质文明同步发展，而不是物质文明水平提高了，精神文明就自然而然地紧跟其后。这种观点是错误的。

十三、宠辱若惊

◎ 我是主持人

这一节讲的是人的尊严问题。老子强调"贵身"的思想，论述了宠辱对人身的危害。老子认为，一个理想的治者，首要在于"贵身"，不胡作妄为。只有珍重自身生命的人，才能珍重天下人的生命，也就可使人们放心地把天下的重责委任于他，让他担当治理天下的任务。在上一节里，老子说到"为腹不为目"的"圣人"，能够"不以宠辱荣患损易其身"，才可以担负天下重任。此节接着说"宠辱若惊"。在他看来，得宠者以得宠为殊荣，为了不致失去殊荣，便在赐宠者面前诚惶诚恐，曲意逢迎。他认为，"宠"和"辱"对人的尊严之挫伤，并没有两样，受辱固然损伤了自尊，受宠何尝不损害人自身的人格尊严呢？得宠者总觉得受宠是一份意外的殊荣，便担心失去，因而人格尊严无形地受到损害。如果一个人未经受任何辱与宠，那么他在任何人面前都可以傲然而立，保持自己完整、独立的人格。

◎ 原文

　　宠辱若惊，贵大患若身。何谓宠辱若惊？宠为上，辱为下。得之若惊，失之若惊，是谓宠辱若惊。何谓贵大患若身？吾所以有大患者，为吾有身，及吾无身，吾有何患？故贵以身为天下者，若可寄天下；爱以身为天下者，若可托天下。

◎ 注释

　　宠辱：荣宠和侮辱。
　　贵大患若身：贵，珍贵、重视。重视大患就像珍贵自己的身体一样。
　　寄：寄托。
　　托：托付。

◎ 译文

　　受到宠爱和受到侮辱都好像受到惊恐，把自己身体重视的就怕有大灾祸降临。为什么说得宠和受辱都感到惊慌失措？得宠为上，受辱为下，得到宠爱感到格外惊喜，失去宠爱则令人惊慌不安。这就叫做得宠和受辱都感到惊恐。为什么说所自己身体重视的就怕有大灾祸降临？我之所以有大患，是因为我有身体；如果我没有身体，我还会有什么祸患呢？所以，珍贵自己的身体是为了治理天下的人，天下就可以托付他；爱惜自己的身体是为了治理天下的人，天下就可以依靠他了。

◎ 直播课堂

　　本节所讲关于"贵身"和人的尊严问题，大意是说"圣人"不以宠辱荣患等身外之事易其身，这是接着上一节的"是以圣人为腹不为目"而言的。凡能够真正做到"为腹不为目"，不为外界荣辱乱心分神者，才有能力担负治理天下的重责。对于本节主旨，王夫之作过如下精辟的发挥。他说："众人纳天下于身，至人外其身于天下。夫不见纳天下者，有必至之忧患乎？宠至若惊，辱来若惊，则是纳天下者，纳惊以自滑也。大患在天下，纳而贵之与身等。夫身且为患，而贵患以为重累之身，是纳患以自梏也。惟无身者，以耳任耳，不为天下听；以目任目，不为天下视；吾之耳目静，而天下之视听不荧，惊患去已，而消于天下，是以百姓履籍而不匹倾。"（王夫之：《老子衍》）

　　一般人对于身体的宠辱荣患十分看重，甚至于许多人重视身外的宠辱远远超过自身的生命。人生在世，难免要与功名利禄、荣辱得失打交道。许多人是以荣宠和功利名禄为人生最高理想，目的就是为享荣华富贵、福佑子孙。总之，人活着就是为了寿、名、位、货等身边之物。对于功名利禄，可说是人人都需要。但是，把它摆在什么位置上，人与人的态度就不同了。如果你把它摆在比生命还要宝贵的位置之上，那就大错特错了。老子从"贵身"的角度出发，认为生命远过贵于名利荣宠，要清静寡欲，一切声色货利之事，皆无所动于中，然后可以受天下之重寄，而为万民所托命。这种态度基本上是正确的。

第二章
以道佐人，善为道者

　　老子描述了"道"的虚无缥缈，不可感知，看不见，听不到，摸不着，然而又是确实存在的，是所谓"无状之状，无物之象"。"道"有其自身的变化运动规律，掌握这种规律，便是了解具体事物的根本。"道"的普遍规律自古以来就支配着现实世界的具体事物，要认识和把握现实存在的个别事物，就必须把握"道"的运动规律，认识"道"的普遍原理。

十四、视之不见

◎ 我是主持人

本节是描述"道"体的。在第六节和第八节，分别以具体的形象——山谷和水，来比喻道的虚空和柔弱。本节以抽象的理解，来描述"道"的性质，并讲到运用"道"的规律。在这里，"道"即是"一"。在前面几节中，老子所说过的"道"有两种内涵，一是指物质世界的实体，即宇宙本体；二是指物质世界或现实事物运动变化的普遍规律。这两者之间实际是相互联系的。本节所讲的"一"（即"道"）包含有以上所讲"道"的两方面内涵。

◎ 原文

视之不见，名曰夷；听之不闻，名曰希；搏之不得，名曰微。此三者不可致诘，故混而为一。其上不皦，其下不昧，绳绳兮不可名，复归于无物。是谓无状之状，无物之象，是谓惚恍。迎之不见其首，随之不见其后。执古之道，以御今之有。能知古始，是谓道纪。

◎ 注释

夷：无色。

希：无声。

微：无形。以上夷、希、微三个名词都是用来形容人的感官无法把握住"道"。这三个名词都是幽而不显的意思。

致诘：诘，意为追问、究问、反问。致诘意为思议。

一：本节的一指"道"。

皦：清白、清晰、光明之意。

昧：阴暗。

绳绳：不清楚、延绵不绝。

无物：无形状的物，即"道"。

惚恍：若有若无，闪烁不定。

有：指具体事物。

古始：宇宙的原始，或"道"的初始。

道纪："道"的纲纪，即"道"的规律。

◎ 译文

看它看不见，把它叫做"夷"；听它听不到，把它叫做"希"；摸它摸不到，把它叫做"微"。这三者的形状无从追究，它们原本就浑然而为一。它的上面既不显得光明亮堂；它的下面也不显得阴暗晦涩，无头无绪、延绵不绝却又不可称名，一切运动都又回复到无形无象的状态。这就是没有形状的形状，不见物体的形象，这就是"惚恍"。迎着它，看不见它的前头，跟着它，也看不见它的后头。把握着早已存在的"道"，来驾驭现实存在的具体事物。能认识、了解宇宙的初始，这就叫做认识"道"的规律。

◎ 直播课堂

超脱于具体事物之上的"道"，与现实世界的万事万物有着根本的不同。它没有具体的形状，看不见，听不到，摸不着，它无边无际、无古无今地存在着，时隐时现，难以命名。"道"不是普通意义的物，是没有形体可见的东西。在此，老子用经验世界的一些概念对它加以解释，然后又一一否定，反衬出"道"的深微奥秘之处。理想中的"圣人"能够掌握自古以固存的支配物质世界运动变化的规律，可以驾驭现实存在，这是因为他悟出了"道"性。下一节紧接着对此作了阐述。

十五、古之善为道者

◎ 我是主持人

这一节紧接前节，对体道之士做了描写。老子称赞得"道"之人的"微妙玄通，深不可识"，他们掌握了事物发展的普遍规律，懂得运用普遍规律来处理现实存在的具体事物。也可以说这是教一般人怎样掌握和运用"道"。得"道"之士的精神境界远远超出一般人所能理解的水平，他们具有谨慎、警惕、严肃、洒脱、融和、淳朴、旷达、浑厚等人格修养功夫，他们微而不显、含而不露，高深莫测，为人处世，从不自满高傲。本节里"蔽而新成"四字，有的版本作"蔽不新成"，这样，含义就迥然相异，前者解释为去故更新，后者则是安于陈旧，不求新成的意思。本书取"蔽而新成"，大致符合上下文意。

◎ 原文

古之善为道者，微妙玄通，深不可识。夫唯不可识，故强为之容；豫兮若冬涉川；犹兮若畏四邻；俨兮其若客；涣兮其若凌释；敦兮其若朴；旷兮其若谷；混兮其若浊；澹兮其若海；飂兮若无止。孰能浊以静之徐清？孰能安以静之徐生？保此道者，不欲盈。夫唯不盈，故能蔽而新成。

◎ 注释

善为道者：指得"道"之人。

容：形容、描述。

豫：原是野兽的名称，性好疑虑。豫兮，引申为迟疑慎重的意思。

涉川：战战兢兢、如临深渊。

犹：原是野兽的名称，性警觉，此处用来形容警觉、戒备的样子。

若畏四邻：形容不敢妄动。

俨兮：形容端谨、庄严、恭敬的样子。

涣兮其若凌释：形容流动的样子。

敦兮其若朴：形容敦厚老实的样子。

旷兮其若谷：形容心胸开阔、旷达。

混兮其若浊：混，通"浑"。形容浑厚淳朴的样子。

不欲盈：盈，满。不求自满。

蔽而新成：去故更新的意思。一本作蔽不新成。

◎ 译文

古时候善于行道的人，微妙通达，深刻玄远，不是一般人可以理解的。正因为不能认识他，所以只能勉强地形容他说：他小心谨慎啊，好像冬天踩着水过河；他警觉戒备啊，好像防备着邻国的进攻；他恭敬郑重啊，好像要去赴宴做客；他行动洒脱啊，好像冰块缓缓消融；他淳朴厚道啊，好像没有经过加工的原料；他旷远豁达啊，好像深幽的山谷；他浑厚宽容，好像不清的浊水；他安静啊，好像大海一样平静；西风吹噬啊，好像没完没了不能停止。谁能使浑浊安静下来，慢慢澄清？谁能使安静变动起来，慢慢显出生机？保持这个"道"的人不会自满。正因为他从不自满，所以能够去故更新。

◎ 直播课堂

"道"是玄妙精深、恍惚不定的。一般人对"道"感到难于捉摸，而得"道"之士则与世俗之人明显不同，他们有独到的风貌、独特的人格形态。世俗之人"嗜欲深者天机浅"，他们极其浅薄，让人一眼就能够看穿；得"道"人士静谧幽深、难以测识。老子在这里也是勉强地为他们做了一番描述，即"强为容"。他们有良好的人格修养和心理素质，有良好的静定功夫和内心活动。表面上他们清静无为，实际上极富创造性，即静极而动、动极而静，这是他们的生命活动过程。老子所理想的人格是敦厚朴实、静定持心，内心世界极为丰富，并且可以在特定的条件下，由静而转入动。这种人格上的静与动同样符合于"道"的变化规律。

十六、致虚极

◎ 我是主持人

本节里，老子特别强调致虚守静的功夫。他主张人们应当善用虚寂沉静去面对宇宙万物的运动变化。在他看来，万事万物的发展变化都有其自身的规律，从生长到死亡、再生长到再死亡，生生不息，循环往复以至于无穷，都遵循着这个运动规律。老子希望人们能够了解、认识这个规律，并且把它应用到社会生活之中。在这里，他提出"归根""复命"的概念，主张回归到一切存在的根源，这里是完全虚静的状态，这是一切存在的本性。

◎ 原文

致虚极，守静笃；万物并作，吾以观复。夫物芸芸，各复归其根。归根曰静，静曰复命。复命曰常，知常曰明。不知常，妄作凶。知常容，容乃公，公乃全，全乃天，天乃道，道乃久，没身不殆。

◎ 注释

致虚极，守静笃：极、笃，意为极度、顶点。虚和静都是形容人的心境是空明宁静状态，但由于外界的干扰、诱惑，人的私欲开始活动。因此心灵闭塞不安，所以必须注意"致虚"和"守静"，以期恢复心灵的清明。

作：生长、发展、活动。

复：循环往复。

芸芸：茂盛、纷杂、繁多。

归根：根指道，归根即复归于道。

复命：复归本性，重新孕育新的生命。

常：指万物运动变化的永恒规律，即守常不变的规则。

明：明白、了解。

容：宽容、包容。

全：周到、周遍。

天：指自然的天，或为自然界的代称。

◎ 译文

　　尽力使心灵的虚寂达到极点，使生活清静坚守不变。万物都一齐蓬勃生长，我从而考察其往复的道理。那万物纷纷芸芸，各自返回它的本根。返回到它的本根就叫做清静，清静就叫做复归于生命。复归于生命就叫自然，认识了自然规律就叫做聪明，不认识自然规律的轻妄举止，往往会出乱子和灾凶。认识自然规律的人是无所不包的，无所不包就会坦然公正，公正就能周全，周全才能符合自然的道，符合自然的道才能长久，终生不会遭到危险。

◎ 直播课堂

　　以往人们研究老子，总是用"清静无为""恬淡寡欲"这几句话概括老子的人生态度。但从总体上看，老子比较重视清静无为，主要是就治国治世而言的政治用语，不完全是指修身的问题。这一节并不是专讲人生，而是主要讲认识世界，当然也包括认识人生。但无论是认识人生哲理，还是认识客观世界，其基本态度是"致虚""清静""归根"和"复命"。先说"致虚"。虚无是道的本体，但运用起来却是无穷无尽的。"致虚极"是要人们排除物欲的诱惑，回归到虚静的本性，这样才能认识"道"，而不是为争权夺利而忘了"道"。"致虚"必"守静"，因为"虚"是本体，而"静"则在于运用。司马迁说："李耳无为自化，清静自正。"(《史记·太史公自序》) 这是很扼要的概括。"静"与"动"是一对矛盾，在这个矛盾中，老子着重于"静"而不是"动"，也不否定"动"的作用。再说"归根"。根是草木所由生的部分，有根本、根源、根基诸义，是一切事物起点。在老子看来，对立是过程，是相对的，统一是归宿，是绝对的。这就是归根的哲学含义。不过，老子哲学带有循环论的色彩。任继愈说："老子主张要虚心，静观万物发展和变化，他认为万物的变化是循环往复的，变来变去，又回到它原来的出发点（归根），等于不变，所以叫做静。既然静是万物变化的总原则,所以是常(不变),为了遵循这一静的原则,就不要轻举妄动,变革不如保守安全。把这一原则应用到生活、政治各方面,他认为消极无为,可以不遭危险。"(任继愈《老子新译》)

十七、太上,不知有之

◎ 我是主持人
　　这一节里,老子提出了自己的政治思想主张,他把统治者按不同情况分为四种,其中最好的统治者是人民不知道他的存在,最坏的统治者是被人民所轻侮,处于中间状况的统治者是老百姓亲近并称赞他,或者老百姓畏惧他。老子理想中的政治状况是:统治者具有诚正信实的素质,他悠闲自在,很少发号施令,政府只是服从于人民的工具而已,政治权力丝毫不得逼临于人民身上,即人民和政府相安无事,各自过着安闲自适的生活。当然,这只是老子的主观愿望,是一种"乌托邦"式的政治幻想。

◎ 原文
　　太上,不知有之;其次,亲而誉之;其次,畏之;其次,侮之。信不足焉,有不信焉。悠兮,其贵言。功成事遂,百姓皆谓"我自然"。

◎ 注释
　　太上:至上、最好,指最好的统治者。
　　不知有之:人民不知有统治者的存在。
　　悠兮:悠闲自在的样子。
　　贵言:指不轻易发号施令。
　　自然:自己本来就如此。

◎ 译文

最好的统治者，人民并不知道他的存在；其次的统治者，人民亲近他并且称赞他；再次的统治者，人民畏惧他；更次的统治者，人民轻蔑他。统治者的诚信不足，人民才不相信他。最好的统治者是多么悠闲，他很少发号施令，事情办成功了，老百姓说"我们本来就是这样的"。

◎ 直播课堂

老子在全书中第一次描画了他的理想国政治蓝图。第一句四个层次的划分，不是从古到今的时代或时间顺序，而是指为治理好坏的统治状况。在老子的观念上，理想的"圣人"是要"处无为之可，行不言之教"，要一如处"太上"之世，体"玄德"之君，能够"生之畜之"。在《帝王世纪》中，记载了帝尧之世，"天下太和，百姓无事，有五老人击壤于道，观者叹曰：大哉尧之德也！老人曰：'日出而作，日入而息。凿井而饮，耕田而食。帝力于我何有哉？'"这种生动的画面，可以说是对老子的"百姓皆曰我自然"的最好图解。

在本节中，老子把这种理想的政治情境，与儒家主张实行的"德治"、法家主张实行的"法治"相对比，将其等而下之。实行"德治"，老百姓觉得统治者可以亲信，而且称赞他，这当然不错，但还是次于"无为而治"者。实行"法治"的统治者，用严刑峻法来镇压人民，实行残暴扰民政策，这就是统治者诚信不足的表现，人民只是逃避他、畏惧他。老子强烈反对这种"法治"政策，而对于"德治"，老子认为这已经是多事的征兆了。最美好的政治，莫过于统治者"贵言"，从不轻易发号施令，人民和政治相安无事，以至于人民根本不知道统治者是谁。当然，这种美治在当时并不存在，只是老子的"乌托邦"式幻想。

十八、大道废，有仁义

◎ **我是主持人**

本节可以从两方面来理解。一是它的直接内容，即指出由于君上失德，大道废弃，需要提倡仁义以挽颓风。老子对当时病态社会的种种现象加以描述。二是表现了相反相成的辩证法思想，老子把辩证法思想应用于社会，分析了智慧与虚伪、孝慈与家庭纠纷、国家混乱与忠臣等，都存在着对立统一的关系。国家大治、六亲和顺，就显不出忠臣孝子；只有六亲不和、国家昏乱，才需要提倡孝和忠，这也是相互依属的关系。这是说，社会对某种德行的提倡和表彰，正是由于社会特别欠缺这种德行的缘故。

◎ **原文**

大道废，有仁义；智慧出，有大伪；六亲不和，有孝慈；国家昏乱，有忠臣。

◎ **注释**

大道：指社会政治制度和秩序。
智慧：聪明、智巧。
六亲：父子、兄弟、夫妇。

◎ **译文**

大道被废弃了，才有提倡仁义的需要；聪明智巧的现象出现了，伪诈才盛行一时；家庭出现了纠纷，才能显示出孝与慈；国家陷于混乱，才能见出忠臣。

◎ 直播课堂

　　本节接着上一节"信不足焉，有不信焉"，认为社会上出现的仁义、大伪、孝慈、忠臣等，都是由于君上失德所致。至德之世，大道兴隆，仁义行于其中，人皆有仁义，所以仁义看不出来；也就有倡导仁义的必要。及至大道废弃，人们开始崇尚仁义，试图以仁义挽颓风，此时，社会已经是不纯厚了。在这里，老子把辩证法运用于社会治理，他指出：仁义与大道废、大伪与智慧出、孝慈与六亲不和、忠臣与国家昏乱，形似相反，实则相成，老子揭示了它们之间的对立统一关系，表达了相当丰富的辩证思想。

十九、绝圣弃智

◎ 我是主持人

　　上一节叙述了大道废弃后社会病态的种种表现，本节则针对社会病态，提出治理的方案。在前一节里，老子说"智慧出，有大伪"，因而主张抛弃这种聪明智巧。他认为"圣""智"产生法制巧诈，用法制巧诈治国，便成为扰民的"有为"之政。抛弃这种扰民的政举，人民就可以得到切实的利益。本节中，许多本子引到"少私寡欲"结束，把"绝学无忧"作为下一节的开端。本书主张把此句放在本节的观点，"绝学无忧"正可以与前句"见素抱朴，少私寡欲"并列。

◎ 原文

　　绝圣弃智，民利百倍；绝仁弃义，民复孝慈；绝巧弃利，盗贼无有。此三者以为文不足，故令有所属；见素抱朴，少私寡欲；绝学无忧。

◎ 注释

　　绝圣弃智：抛弃聪明智巧。此处"圣"不作"圣人"，即最高的修养境界解，而是自作聪明之意。

此三者：指圣智、仁义、巧利。

文：条文、法则。

属：归属、适从。

见素抱朴：素，没有染色的丝；朴，没有雕琢的木。意思是保持原有的自然本色。

绝学无忧：指弃绝仁义圣智之学。

◎ 译文

抛弃聪明智巧，人民可以得到百倍的好处；抛弃仁义，人民可以恢复孝慈的天性；抛弃巧诈和货利，盗贼也就没有了。圣智、仁义、巧利这三者全是巧饰，作为治理社会病态的法则是不够的，所以要使人们的思想认识有所归属，保持纯洁朴实的本性，减少私欲杂念，抛弃圣智礼法的浮文，才能免于忧患。

◎ 直播课堂

学者杨兴顺认为："作为人民利益的真诚捍卫者，老子反对中国古代统治阶级的一切文化。他认为这种文化是奴役人民的精神武器，'下德'的圣人借此建立各种虚伪的道德概念，而只有'朝甚除'的人们才能享用这种文化的物质财富。不宁唯是，这一切产生虚伪的文化还腐蚀了淳朴的人民，激发了他们对'奇物'的欲望。这种文化乃是'乱之首'。从这些表白中，可以明显地看出，老子斥责统治阶级的文化，在他看来，这种文化和具有规律性的社会现象是矛盾的，即和'天之道'是矛盾的。必须抛弃这种文化。它对人民毫无益处。由此可见，老子反对统治阶级的文化，否认它对人民的意义，并提出一种乌托邦思想——使人民同这种文化隔绝。"（《中国古代哲学家老子及其学说》）老子的政治主张虽不可取，但他提出的"见素抱朴，少私寡欲"，恢复人的自然本性的观点，并非是没有意义的。

此外，对于"绝学无忧"一句，在学术界有三种不同的理解。一种意见认为，"绝学无忧"指弃绝学习就没有忧虑了。这种解释认为老子要毁灭一切文化，当然也就不要学习了。这种意见认为，老子是愚民政策的创始人，是倡导愚民思想和政策的鼓吹者。另一种意见认为，"绝学"，指抛弃那种讲圣智、仁义、巧利的学问，将其置于身外，免去权欲的诱惑，做到无忧无患。还有一种意见认为，老子所说的"绝"，其实就是绝招的"绝"，是指至深、独到的学问，老子认为只有取得不同于世俗的独到学问，才能获得对私欲无所冲动的自由。这种意见认为老子正是这样的具有绝学独到的人，表明了他的学习态度。

二十、唯之与阿，相去几何

◎ 我是主持人

老子从辩证法的原理出发，他认为贵贱善恶、是非美丑种种价值判断都是相对形成的，而且随环境的差异而变动。在本节里，老子将世俗之人的心态与自己的心态作了对比描述，揭露社会上层追逐物欲的贪婪之态，并以相反的形象夸张地描述自己。文中的"我"指老子本人，但又不仅仅是指他个人，而是一种有抱负、有期望的人。"众人""俗人"指社会上的人，这些人对是非、善恶、美丑的判断，并无严格标准，甚至是混淆的、任意而行。他说"我"是"愚人之心"，这当然是正话反说。世俗之人纵情于声色货利，而"我"却甘守淡泊朴素，以求精神的升华，而不愿随波逐流。

◎ 原文

唯之与阿，相去几何？美之与恶，相去若何？人之所畏，不可不畏。荒兮，其未央哉！众人熙熙，如享太牢，如春登台。我独泊兮，其未兆；沌沌兮，如婴儿之未孩；儽儽兮，若无所归。众人皆有余，而我独若遗。我愚人之心也哉！俗人昭昭，我独昏昏。俗人察察，我独闷闷。众人皆有以，而我独顽且鄙。我独异于人，而贵食母。

◎ 注释

唯之与阿：唯，恭敬地答应，这是晚辈回答长辈的声音。阿，怠慢地答应，这是长辈回答晚辈的声音。唯的声音低，阿的声音高，这是区别尊贵与卑贱的用语。

美之与恶：美，一本作善，恶作丑解。即美丑、善恶。

畏：惧怕、畏惧。

荒兮：广漠、遥远的样子。

未央：未尽、未完。

熙熙：熙，和乐。用以形容纵情奔欲、兴高采烈的情状。

享太牢：太牢，古代人把准备宴席用的牛、羊、猪事先放在牢里养着。此句为参加丰盛的宴席。

如春登台：好似在春天里登台眺望。

我：可以将此"我"理解为老子自称，也可理解为所谓"体道之士"。

泊：淡泊、恬静。

未兆：没有征兆、没有预感和迹象。形容无动于衷、不炫耀自己。

沌沌兮：混沌，不清楚。

孩：同"咳"，形容婴儿的笑声。

儽儽兮：疲倦闲散的样子。

有余：有丰盛的财货。

遗：不足的意思。

愚人：淳朴、直率的状态。

昭昭：智巧光耀的样子。

昏昏：愚钝暗昧的样子。

察察：严厉苛刻的样子。

闷闷：淳朴诚实的样子。

有以：有用、有为，有本领。

顽且鄙：形容愚陋、笨拙。

贵食母：母用以比喻"道"，道是生育天地万物之母。此名意为以守道为贵。

◎ 译文

　　应诺和呵斥，相距有多远？美好和丑恶，又相差多少？人们所畏惧的，不能不畏惧。这风气从远古以来就是如此，好像没有尽头的样子。众人都熙熙攘攘、兴高采烈，如同去参加盛大的宴席，如同春天里登台眺望美景。而我却独自淡泊宁静，无动于衷。混混沌沌啊，如同婴儿还不会发出嬉笑声。疲倦闲散啊，好像浪子还没有归宿。众人都有所剩余，而我却像什么也不足。我真是只有一颗愚人的心啊！众人光辉自炫，唯独我迷迷糊糊；众人都那么严厉苛刻，唯独我这样淳厚宽宏。世人都精明灵巧有本领，唯独我愚昧而笨拙。我唯独与人不同的，关键在于得到了"道"。

◎ 直播课堂

　　任继愈在《老子新译》中说，"老子对当时许多现象看不惯，把众人看得卑鄙庸俗，把自己看得比谁都高明。而在表面上却故意说了些贬低自己的话，说自己低能、糊涂、没有本领，其实是从反面抬高自己，贬低社会上的一般人。他在自我吹嘘、自我欣赏，最后一句，说出他的正面意见，他和别人不同之处，在于得到了'道'。"在老子看来，善恶美丑贵贱是非，都是相对形成的，人们对于价值判断，经常随着时代的不同而变换，随着环境的差异而更改。世俗的价值判断极为混淆，众人所戒忌的，也正是自己不必触犯的。在这里，老子也说了一些牢骚话，使人感到愤世嫉俗的意味，其中不乏深入的哲理。他说明自己在价值观上，在生活态度上，不同于那些世俗之人，他们熙熙攘攘，纵情于声色货利，而老子自己则甘愿清贫淡泊，并且显示出自己与众人的疏离和相异之处。

二十一、孔德之容

◎ 我是主持人

　　从本书第一节起，老子就指出"道"是宇宙的本原。但这个本原

"道"，是精神的还是物质的呢？对此问题，学术界的解释不同，就出现"道"是唯心主义的和"道"是唯物主义这两种观点。本节中，老子进一步发挥第十四节关于"道"是"无状之状，无物之象，是谓惚恍"的观点，明确地提出"道"由极其微黏的物质所组成，虽然看不见，无形无象，但确实存在，万物都是由它产生的。在本节里，老子还提出"德"的内容是由"道"决定的，"道"的属性表现为"德"的观点，集中地描述了"道"的一些特点。一节、四节、十四节、本节和二十五节，是研究老子哲学思想的核心——道的性质问题的重要章节。

◎ 原文

孔德之容，惟道是从。道之为物，惟恍惟惚。惚兮恍兮，其中有象；恍兮惚兮，其中有物；窈兮冥兮，其中有精，其精甚真，其中有信，自今及古，其名不去，以阅众甫。吾何以知众甫之状哉？以此。

◎ 注释

孔：甚，大。

德："道"的显现和作用为"德"。

容：运作、形态。

恍、惚：仿佛、不清楚。

象：形象、具象。

窈：深远，微不可见。

冥：暗昧，深不可测。

精：最微小的原质，极细微的物质性的实体。微小中之最微小。

甚真：是很真实的。

信：信实、信验，真实可信。

自今及古：一本作"自古及今"。

甫：通"父"，引申为始。

此：指道。

◎ 译文

大德的形态，是由道所决定的。"道"这个东西，没有清楚的固定实体。它是那样的恍恍惚惚啊，其中却有形象。它是那样的恍恍惚惚啊，其中却有实物。它是那样的深远暗昧啊，其中却有精质；这精质是最真实的，这精质是可以信验的。从当今上溯到古代，它的名字永远不能废除，依据它，才能观察万物的初始。我怎么才能知道万事万物开始的情况呢？是从"道"认识的。

◎ 直播课堂

学术界一派观点认为老子的"道"不是物质实体，而是绝对精神之类的东西，这种观点有待商榷。我们的观点是倾向于"道"具有物质性的这种意见。因为老子说了"道之为物"，又说"道"中有物、有象、有精，这显然不属于观念性，而是属于物质性的东西。在以后的几节里，还将遇到此类问题。

此外，关于道与德的关系问题，老子的意见是："道"是无形的，它必须作用于物，通过物的媒介，而得以显现它的功能。这里，"道"之所显现于物的功能，老子把它称为"德"，"道"产生了万事万物，而且内在于万事万物，在一切事物中表现它的属性，也就是表现了它的"德"，在人生现实问题上，"道"体现为"德"。

二十二、曲则全

◎ 我是主持人

这一节，老子从生活经验的角度，进一步深化了第二节所阐释的辩证法思想。第二节重点讲的是矛盾的转化。本节一开头，老子就用了六句古代成语，讲述事物由正面向反面变化所包含的辩证法思想，即委曲和保全、弓屈和伸直、不满和盈溢、陈旧和新生、缺少和获得、贪多和迷惑。他用辩证法思想作用于观察和处理社会生活的原则，最后他得出的结论是"不争"。

◎ **原文**

曲则全，枉则直，洼则盈，敝则新，少则得，多则惑。是以圣人抱一为天下式。不自见，故明；不自是，故彰，不自伐，故有功；不自矜，故长。夫唯不争，故天下莫能与之争。古之所谓"曲则全"者，岂虚言哉？诚全而归之。

◎ **注释**

枉：屈、弯曲。

敝：凋敝。

抱一：抱，守。一，即道。此意为守道。

式：法式，范式。

见：音 xiàn，同现。

明：彰明。

伐：夸。

◎ **译文**

委曲便会保全，屈枉便会直伸；低洼便会充盈，陈旧便会更新；少取便会获得，贪多便会迷惑。所以有道的人坚守这一原则作为天下事理的范式，不自我表扬，反能显明；不自以为是，反能是非彰明；不自己夸耀，反能得有功劳；不自我矜持，所以才能长久。正因为不与人争，所以遍天下没有人能与他争。古时所谓"委曲便会保全"的话，怎么会是空话呢？它实实在在是实至名归啊。

◎ **直播课堂**

普通人所看到的只是事物的表象，看不到事物实质。老子从自己丰富的生活经验中总结出带有智慧的思想，给人们以深深的启迪。生活在现实社会的人们，不可能做任何事情都一帆风顺，极有可能遇到各种困难，在这种情况下，老子告诉人们，可以先采取退让的办法，等待，静观以待变，然后再采取行动，从而达到自己的目标。

在《庄子·天下》篇中，庄子说老子之道是"人皆求福，己独曲全。曰，'苟免于咎'。"这里说的"曲全"，便是"苟免于咎"。老子认为，事物常在对立的关系中产生，人们对事物的两端都应当观察，从正面去透视负面的状况，对于负面的把握，更能显现出正面的内涵。事实上，正面与负面，并非截然不同的东西，而是经常依存的关系。普通人只知道贪图眼前的利益，急功近利，这未必是好事。老子告诫人们，要开阔视野，要虚怀若谷，坚定地朝着自己的目标前进。但是如果不考虑客观情况，一味蛮干，其结果只能适得其反。

在"曲"里存在着"全"的道理，在"枉"里存在着"直"的道理，在"洼"里存在着"盈"的道理，在"敝"里存在着"新"的道理，因而把握了其中的奥秘，就可以做到"不争"。事实当然并非完全如此，有些事不争也可以取得成功，有些事不争就不能取得成功。

二十三、希言自然

◎ 我是主持人

十七节揭示出严刑峻法的高压政策，徒然使百姓"畏之侮之"。因而希望统治者加以改变。前面几节已多次阐明"行不言之教""悠兮其贵言""多言数穷"等类似的话，本节一开始便继续阐述"希言自然"的道理。这几个"言"字，按字面解释，是说话，内含的意思都是指政教法令。老子用自然界狂风暴雨必不持久的事实作比喻，告诫统治者少以强制性的法令横加干涉，更不要施行暴政，而要行"清静无为"之政，才符合于自然规律，才能使百姓安然畅适。倘若以法令戒律强制人民，用苛捐杂税榨取百姓，那么人民就会以背戾抗拒的行动对待统治者，暴政将不会持久。

◎ 原文

希言自然。故飘风不终朝，骤雨不终日，孰为此者？天地。天地尚不能久，而况于人乎？故从事于道者，同于道；德者，同于德；失者，同于失。同于道者，道亦乐得之；同于德者，德亦乐得之；同于失者，失亦乐得之。信不足焉，有不信焉！

◎ 注释

希言：字面意思是少说话。此处指统治者少施加政令、不扰民的意思。

飘风：大风、强风。

骤雨：大雨、暴雨。

从事于道者：按道办事的人。此处指统治者按道施政。

失：指失道或失德。

◎ 译文

不言政令不扰民是合乎于自然的。狂风刮不了一个早晨，暴雨下不了一整天。谁使它这样的呢？天地。天地的狂暴尚且不能长久，更何况是人呢？所以，从事于道的就同于道，从事于德的就同于德，从事于失的人就同于失。同于道的人，道也乐于得到他；同于德的人，德也乐于得到他；同于失的人，失也乐于得到他。统治者的诚信不足，就会有人不信任。

◎ 直播课堂

在这一节里，老子说得道的圣人（统治者）要行"不言之教"。他说，只要相信道，照着做，就自然会得到道。反之，就不可能得到道。在本节里老子举自然界的例子，说明狂风暴雨不能整天刮个不停、下个没完。天地掀起的暴风骤雨都不能够长久，更何况人滥施苛政、虐害百姓呢？这个比喻十分恰切，有很强的说服力。它告诫统治者要遵循道的原则，遵循自然规律，暴政是长久不了的，统治者如果清静无为，那么社会就会出现安宁平和的风气，统治者如果恣肆横行，那么人民就会抗拒他；如果统治者诚信不足，老百姓就不会信任他。纵观古今中外的历史，哪一个施行暴戾苛政的统治者不是短命而亡呢？中国第一个封建中央集权的王朝秦王朝仅仅存在了一二十年的时间，原因何在？就是由于秦朝施行暴政、苛政，人民群众无法按正常方式生活下去了，被迫揭竿而起。另一个短命而亡的王朝隋朝何尝不是因施行暴政而激起人民的反抗，最后被唐王朝所取代呢？历史是一面镜子，它反映出的是统治者清静无为，不对百姓们发号施令，强制人民缴粮纳税，那么这个社会就比较符合自然，就比较清明淳朴、统治者与老百姓相安无事，统治者的天下就可以长存。

二十四、企者不立

◎ 我是主持人

在本节里，老子用"企者不立，跨者不行"作比喻，说"自见""自是""自伐""自矜"的后果都是不好的，不足取的。这些轻浮、急躁的举动都是反自然的，短暂而不能持久。急躁冒进，自我炫耀，反而达不到自己的目的。本节不仅说明急躁冒进、自我炫耀的行为不可恃，也喻示着雷厉风行的政举将不被人们所普遍接受。

◎ 原文

企者不立，跨者不行；自见者不明；自是者不彰；自伐者无功；自矜者不长。其在道也，曰余食赘形。物或恶之，故有道者不处。

◎ 注释

企：一本作"支"，意为踮起脚跟，脚尖着地。
跨：跃、越过，阔步而行。
赘形：多余的形体，因饱食而使身上长出多余的肉。

◎ 译文

踮起脚跟想要站得高，反而站立不住；迈起大步想要前进得快，反而不能远行。自逞己见的反而得不到彰明；自以为是的反而得不到显昭；自我夸耀的建立不起功勋；自高自大的不能做众人之长。从道的角度看，以上这些急躁炫耀的行为，只能说是剩饭赘瘤。因为它们是令人厌恶的东西，所以有道的人绝不这样做。

◎ **直播课堂**

　　在帛书甲、乙本中，这一节都抄写在二十二节前面，因为此节与二十一节内容相一致，叙述用的语气、语言也是一种风格。这样的排列顺序，或许是有道理的。本节所具体阐述的问题，仍然是有关社会政治及其得失的内容，同时还包含有辩证法的观点。即"企者不立""跨者不行""自见者不明""自是者不彰""自伐者无功""自矜者不长"。这些表现及其结果往往是对立的、相互矛盾的。这是老子思想中极富精义的部分。不过在这其中仍然贯穿着以退为进和所谓"委曲求全"的处世哲学。这种观点、这种态度绝不是无条件的、在任何情况下都可以采用的，而仅是对现实斗争中某种情况下可以采用的策略，这虽然说不上是在逃避现实的政治斗争，但表面上给人的印象却是消极退守、防御。当然，这是老子哲学思想的一贯主张。不过在现实生活中一定要灵活运用，它并不是放之四海而皆准的真理。

二十五、有物混成

◎ **我是主持人**

　　截至本节，我们对老子的"道"，已经有了几点基本的了解。这一节，老子描述了"道"的存在和运行，这是《道德经》里很重要的内容。主要包括："有物混成"，用以说明"道"是浑朴状态的，它是圆满和谐的整体，并非由不同因素组合而成的。"道"无声无形，先天地而存在，循环运行不息，是产生天地万物之"母"。"道"是一个绝对体。现实世界的一切都是相对而存在的，而唯有"道"是独一无二的，所以"道"是"独立而不改"的。在本节里，老子提出"道""人""天""地"这四个存在，"道"是第一位的。它不会随着变动运转而消失。它经过变动运转又回到原始状态，这个状态就是事物得以产生的最基本、最根源的地方。

◎ 原文

有物混成，先天地生。寂兮寥兮，独立而不改，周行而不殆，可以为天地母。吾不知其名，强字之曰道，强为之名曰大。大曰逝，逝曰远，远曰反。故道大，天大，地大，人亦大。域中有四大，而人居其一焉。人法地，地法天，天法道，道法自然。

◎ 注释

物：指"道"。

混成：混然而成，指浑朴的状态。

寂兮寥兮：没有声音，没有形体。

独立而不改：形容"道"的独立性和永恒性，它不靠任何外力而具有绝对性。

周行：循环运行。

不殆：不息之意。

天地母：一本作"天下母"。母，指"道"，天地万物由"道"而产生，故称"母"。

强字之曰道：勉强命名它叫"道"。

大：形容"道"是无边无际的、力量无穷的。

逝：指"道"的运行川流不息、永不停止的状态。

反：另一本作"返"。意为返回到原点，返回到原状。

人亦大：一本作"王亦大"，意为人乃万物之灵，与天地并立而为三才，即天大、地大、人亦大。

域中：即空间之中，宇宙之间。

道法自然："道"纯任自然，本来如此。

◎ 译文

有一个东西混然而成，在天地形成以前就已经存在。听不到它的声音也看不见它的形体，寂静而空虚，不依靠任何外力而独立长存永不停息，循环运行而永不衰竭，可以作为万物的根本。我不知道它的名字，所以把它叫做"道"，再勉强给它起个名字叫做"大"。它广大无边而运行不息，运行不息而伸展遥远，伸展遥远而又返回本原。所以说道大、天大、地大、人也大。宇宙间有四大，而人居其中之一。人取法地，地取法天，天取法"道"，而道纯任自然。

◎ 直播课堂

关于"道"的性质和"道"的规律，其基本点在第一、四、十四、二十一和本节里都看到了，即"道"是物质性的、最先存在的实体，这个存在是耳不闻目不见，又寂静又空虚，不以人的意志为转移而永远存在，无所不至地运行而永不停止。任继愈说："道不是来自天上，恰恰是来自人间，来自人们日常生活所接触到的道路。比起希腊古代唯物论者所讲的'无限'来，似乎更实际些，一点也不虚玄，可能人们受后来的神秘化了的'道'的观念的影响，才认为它是状态的物体，包括有和无两种性质，由极微小的粒子在寥廓的虚空中运动所组成。它是独立存在的，也不依靠外力推动。宗教迷信的说法，认为上帝是世界的主宰者，但老子说的'道'在上帝之前已经出现；传统观念认为世界的主宰者是'天'，老子把天还原为天空，而道是先天地而生的。道产生万物，是天地之根，万物之母，宇宙的起源。"汤一介说："老子讲的道是先于天地存在，只是说在时间上先于天地存在，而不是在逻辑上先于天地存在。老子讲的道虽是无形无象，但不是超空间的，而是没有固定的具体的形象，这样的道才可以变化成为有固定具体形象的天地万物。"这种观点是很中肯的。老子曾说"道在物先"，又说"物在道中"，这种判断是把"天地"作为"物质"的同义语了。

二十六、重为轻根

◎ 我是主持人

这一节里，老子又举出两对矛盾的现象：轻与重、动与静，而且进一步认为，矛盾中一方是根本的。在重轻关系中，重是根本，轻是其次，只注重轻而忽略重，则会失去根本；在动与静的关系中，静是根本，动是其次，只重视动则会失去根本。在本节里，老子所讲的辩证法是为其政治观点服务的，他的矛头指向的是"万乘之主"，即大国的国王，认为他们奢侈轻淫，纵欲自残，即用轻率的举动来治理天下。在老子看来，一国的统治者，应当静、重，而不应轻、躁，如此，才可以有效地治理自己的国家。

◎ 原文

重为轻根，静为躁君。是以君子终日行不离辎重，虽有荣观，燕处超然。奈何万乘之主，而以身轻天下？轻则失根，躁则失君。

◎ 注释

躁：动。

君：主宰。

君子：一本作"圣人"。指理想之主。

辎重：军中载运器械、粮食的车辆。

荣观：贵族游玩的地方。指华丽的生活。

燕处：安然处之。

万乘：乘指车子的数量。指拥有兵车万辆的大国。

◎ 译文

厚重是轻率的根本，静定是躁动的主宰。因此君子终日行走，不离开载装行李的车辆，虽然有美食胜景吸引着他，却能安然处之。为什么大国的君主，还要轻率躁动以治天下呢？轻率就会失去根本，急躁就会丧失主导。

◎ 直播课堂

在二节中，老子举出美丑、善恶、有无难易、长短、高下、音声、前后这些范畴；十三节中举出宠辱；本节又举出动静、重轻的范畴加以论述，是老子朴素辩证法思想的反映。他揭示出事物存在是互相依存的，而不是孤立的，说明他确实看到客观现象和思想现象中，矛盾是普遍存在的，存在于一切过程之中。然而，老子的辩证法思想是不彻底的。例如，任继愈说："动与静的矛盾，应当把动看做是绝对的，起决定作用的，是矛盾的主要方面。老子虽然也接触到动静的关系，但他把矛盾的主要方面弄颠倒了，也就是把事物性质弄颠倒了。因此，他把静看做起主要作用的方面。所以老子的辩证法是消极的，是不彻底的，有形而上学因素。这种宇宙观和他所代表的没落阶级的立场完全相适应。"（《老子新译》）这个批评，点中了老子辩证法思想的局限性。不过，就本节而言，老子的观点又是可以肯定的。他在这里论述的是万乘之国的国主怎样才能够巩固和保持自己统治地位的问题。他说"静""重"，评"轻""躁"，认为"这种轻躁的作风就像断了线的风筝一样，立身行事，草率盲动，一无效准"。（陈鼓应语）因而一国的统治者，应当"静""重"，而不是轻浮躁动，才能巩固自身的统治。

二十七、善行，无辙迹

◎ 我是主持人

　　本节是对"自然无为"思想的引申。老子用"善行""善言""善数""善闭""善结"作喻指，说明人只要善于行不言之教，善于处无为之政，符合于自然，不必花费太大的气力，就有可能取得很好的效果，并且无可挑剔。这一节又发挥了不自见、不自是、不自伐、不自矜的道理，不从正面"贵其师"，不从反面"爱其资"，做到"虽智大迷"。因而，本节的主导思想，是把自然无为扩展应用到更为广泛的生活领域之中。

◎ 原文

　　善行，无辙迹；善言，无瑕谪；善数，不用筹策；善闭，无关楗而不可开；善结，无绳约而不可解。是以圣人常善救人，故无弃人；常善救物，故无弃物。是谓袭明。故善人者，不善人之师；不善人者，善人之资。不贵其师，不爱其资，虽智大迷，是谓要妙。

◎ 注释

辙迹：轨迹，行车时车轮留下的痕迹。

善言：指善于采用不言之教。

瑕谪：过失、缺点、疵病。

数：计算。

筹策：古时人们用作计算的器具。

关楗：栓销。

绳约：约，指用绳捆物。绳索。

袭明：袭，覆盖之意。内藏智慧聪明。

资：取资、借鉴的意思

要妙：精要玄妙，深远奥秘。

◎ 译文

善于行走的，不会留下辙迹；善于言谈的，不会发生病疵；善于计数的，用不着竹码子；善于关闭的，不用栓销而使人不能打开；善于捆缚的，不用绳索而使人不能解开。因此，圣人经常挽救人，所以没有被遗弃的人；经常善于物尽其用，所以没有被废弃的物品。这就叫做内藏着的聪明智慧。所以善人可以作为恶人们的老师，不善人可以作为善人的借鉴。不尊重自己的老师，不爱惜他的借鉴作用，虽然自以为聪明，其实是大大的糊涂。这就是精深微妙的道理。

◎ 直播课堂

本节所讲的内容，重在要求人们尤其是圣人要恪守"无为而治"的原则，说明有道者顺其自然以待人接物，更表达了有道者无弃人无弃物的心怀。人无弃人，物无弃物，天下的善人不善人，善物不善物，都是有用处的。善者为师，恶者为资，一律加以善待，特别是对于不善的人，并不因其不善而鄙弃他，一方面要劝勉他，诱导他，另一方面也给他一个成为善人借鉴的作用。这就考虑到事物所包含的对立的两个方面，不要只从一个方面看。浮皮潦草、粗枝大叶；或只知其一，不知其二，便沾沾自喜。自以为无所不通、无所不精，恃才傲气，都是不可取的。

二十八、知其雄

◎ 我是主持人

这一节重点讲"复归"的学说，前几节虽多次讲到这个问题，但本节是作为重点专讲的，给人留下的印象更为深刻。老子提出这样的一个原则：知雄、守雌，用这个原则去从事政治活动，参与社会生活。这种原则在老子所处的时代，可以作为一种生活态度的选择。当时正处在春秋末年，政治动荡、社会混乱、你争我夺，纷纭扰攘，面对这样一种社会状况，老子提出了"守雌"的处世原则。他认为，只要人们这样做了，就可以返璞归真，达到天下大治。此处还应注意，不仅是"守雌"，还有"知雄"。在雄雌的对立中，对于雄的一面有透彻的了解，然后处于雌的一方。本节所用的几个名词，代表着老子的一些基本观念。

◎ 原文

知其雄，守其雌，为天下溪。为天下溪，常德不离，复归于婴儿。知其白，守其黑，为天下式。为天下式，常德不忒，复归于无极。知其荣，守其辱，为天下谷。为天下谷，常德乃足，复归于朴。朴散则为器，圣人用之，则为官长，故大制不割。

◎ 注释

雄：比喻刚劲、躁进、强大。
雌：比喻柔静、软弱、谦下。
溪：沟溪。
婴儿：象征纯真、稚气。
式：楷模、范式。

忒：过失、差错。

无极：意为最终的真理。

荣：荣誉、宠幸。

辱：侮辱、羞辱。

谷：深谷、峡谷，比喻胸怀广阔。

朴：朴素。指淳朴的原始状态。

器：器物。指万事万物。

官长：百官的首长，领导者、管理者。

大制不割：制，制作器物，引申为政治。割，割裂。此句意为：完整的政治是不割裂的。

◎ 译文

深知什么是雄强，却安守雌柔的地位，甘愿做天下的溪涧。甘愿作天下的溪涧，永恒的德性就不会离失，回复到婴儿般单纯的状态。深知什么是明亮，却安于暗昧的地位，甘愿做天下的模式。甘愿做天下的模式，永恒的德行不相差失，恢复到不可穷极的真理。深知什么是荣耀，却安守卑辱的地位，甘愿做天下的川谷。甘愿做天下的川谷，永恒的德性才得以充足，回复到自然本初的素朴纯真状态。朴素本初的东西经制作而成器物，有道的人沿用真朴，则为百官之长，所以完善的政治是不可分割的。

◎ 直播课堂

"朴""婴儿""雌"等可以说是老子哲学思想中的重要概念。在十五节里有"敦兮其若朴"，十九节"见素抱朴"，本节的"复归于朴"以及三十七节和五十七节都提到"朴"这一概念。这些地方所提到的"朴"，一般可以解释为素朴、纯真、自然、本初等意，是老子对他关于社会理想及个人素质的最一般的表述。在十节里有"专气致柔，能如婴儿乎？"二十节有"沌沌兮，如婴儿之未孩"；本节里有"复归于婴儿"以及后面的几节中也有提及"婴儿"这个概念的地方。"婴儿"，其实也是"朴"这个概念的形象解说，只有婴儿才不被世俗的功利宠辱所困扰，好像未知啼笑一般，无私无欲，淳朴无邪。老子明确反对用仁、义、礼、智、信这些儒家的规范约束人，塑造人，反对用这些说教扭曲人的本性，这就涉及老子所说的"复归"这个概念，即不要按照圣贤所制定的清规戒律去束缚人

们，而应当让人们返回到自然素朴状态，即所谓"返璞归真"。在本节里，老子还主张用柔弱、退守的原则来保身处世，并要求"圣人"也应以此作为治国安民的原则。守雌守辱、为谷为溪的思想，自然不能理解为退缩或者逃避，而是含有主宰性在里面，不仅守雌，而且知雄。陈鼓应说，"守雌"含有持静、处后、守柔的意思，同时也含有内收、凝敛、含藏的意义。这实在是告诫人们要居于最恰切、最妥当的地位去面对社会纷乱争斗的场面。

二十九、将欲取天下而为之

◎ 我是主持人

要平日可以看作老子论"无为"之治，对于"有为"之政所提出的警告，即"有为"必然招致失败，"有为"就是以自己的主观意志去做违背客观规律的事，或者把天下据为己有。事实上，老子所讲的"无为"，并不是无所作为，也不是在客观现实面前无能为力。他在这里说，如果以强力而有所作为或以暴力统治人民，都将是自取灭亡。世间无论人或物，都有各自的秉性，其间的差异性和特殊性是客观存在的，不要以自己的主张意志强加于人，而采取某些强制措施。理想的统治者往往能够顺其自然、不强制、不苛求，因势利导，遵循客观规律。

◎ 原文

将欲取天下而为之，吾见其不得已。天下神器，不可为也，不可执也。为者败之，执者失之。是以圣人无为，故无败，故无失。夫物或行或随；或歔或吹；或强或羸；或载或隳。是以圣人去甚、去奢、去泰。

◎ 注释

取：为、治理。

为：指有为，靠强力去做。

不得已：达不到、得不到。

天下：指天下人。

神器：神圣的物。

执：掌握、执掌。

无为：顺应自然而不强制。

夫：一本作"故"。

物：指人，也指一切事物。

随：跟随、顺从。

歔：轻声和缓地吐气。

吹：急吐气。

羸：羸弱、虚弱。

载：安稳。

隳：危险。

泰：极、太。

◎ 译文

想要治理天下，却又要用强制的办法，我看他不能够达到目的。天下的人民是神圣的，不能够违背他们的意愿和本性而加以强力统治，否则用强力统治天下，就一定会失败；强力把持天下，就一定会失去天下。因此，圣人不妄为，所以不会失败；不把持，所以不会被抛弃。世人秉性不一，有前行有后随，有轻嘘有急吹，有的刚强，有的羸弱；有的安居，有的危殆。因此，圣人要除去那种极端、奢侈的、过度的措施法度。

◎ 直播课堂

在《道德经》里，老子多处谈到统治者应行"无为"之治。他极力宣传"无为"的政治思想，主张一切都要顺应自然，因应物性，希望那些得"道"的统治者治国安民，做任何事情都不要走极端，不要存奢望，不要好大喜功。

三十、以道佐人主者

◎ 我是主持人

历来在解释《道德经》的学者中，有一派认为《道德经》是一部兵书。究竟它是不是一部兵书，这个问题在本节评析中再作论述，但老子具有反战思想则是无疑的。春秋战国时期，社会动荡不安，大小战争此起彼伏，给国家带来破坏，给老百姓的生活造成灾难。老子反对战争，符合人民的利益和愿望。在本节里，老子认为战争是人类最愚昧、最残酷的行为，"师之所处，荆棘生焉""大军之后，必有凶年"，揭示了战争给人们带来的严重后果。老子主张反战的思想，无论在当时还是后世，都有其积极的意义。

◎ 原文

以道佐人主者，不以兵强天下，其事好还。师之所处，荆棘生焉。大军之后，必有凶年。善有果而已，不敢以取强。果而勿矜，果而勿伐，果而勿骄，果而不得已，果而勿强。物壮则老，是谓不道，不道早已。

◎ 注释

其事好还：还，还报、报应。用兵这件事一定能得到还报。
凶年：荒年、灾年。
善有果：果，成功之意。指达到获胜的目的。
取强：逞强、好胜。
物壮：强壮、强硬。
不道：不合乎于"道"。
早已：早死、很快完结。

◎ 译文

依照"道"的原则辅佐君主的人，不以兵力逞强于天下。穷兵黩武这种事必然会得到报应。军队所到的地方，荆棘横生，大战之后，一定会出现荒年。善于用兵的人，只要达到用兵的目的也就可以了，并不以兵力强大而逞强好斗。达到目的了却不自我矜持，达到目的了也不去夸耀骄傲，达到目的了也不要自以为是，达到目的却出于不得已，达到目的却不逞强。事物过去强大就会走向衰朽，这就说明它不符合于"道"，不符合于"道"的，就会很快死亡。

◎ 直播课堂

在《道德经》的这一节和下一节里老子都讲到用兵问题。但必须重申，《道德经》主要是一部哲学著作而不是兵书，他论兵是从哲学的角度，而不是军事学的角度。讲到许多哲学问题时，也涉及军事，因为哲学与军事虽非属于同一学科，但有许多内在相通之处。他着重讲战乱给人们带来的严重后果，这是从反对战争这一角度出发的。因为战争是人类最残酷、最愚昧的行为。本节中所讲"师之所处，荆棘生焉""大军之后，必有凶年"，就是讲战争给人们带来的灾难。

唐代王真《道德真经论兵要义述》说，"五千之言"，八十一节，"未尝有一节不属意于兵也"。明末王夫之也认为《道德经》可为"言兵者师之"。近人章太炎说，《道德经》一书概括了古代兵书的要旨。他指出，"老聃为柱下史，多识故事，约《金版》、《六韬》之旨，著五千言，以为后世阴谋者法。"（《訄书·儒道》）当代学者张松如认为，八十一节中直接谈兵的，本节、下节及六十九节，共三节而已。讲哲理偶以兵事取喻者不及十节。所以《道德经》不是兵书，例如，从军事学角度讲，它无论如何也不能与《孙子兵法》相提并论。在春秋战国时期，战争是社会生活中的重要内容，哲学家、思想家们对这些社会实际问题并不会熟视无睹。他们从这些战争的过程中，观察到某些带有哲理性的问题，并上升到哲学高度加以分析研究，寻找到包括战争在内的一般事物发展变化的规律，如"物壮则老"等，这无疑具有普遍的启示价值。

第三章
物极必反，盛极而衰

张松如说，老子的所谓"道"，只是由思维形式表述的一些东西，并不直接适用于对待客观现实的事物和现象。但"道"又是永恒的，即如"无名之朴"，是极幽微的，而且还适用于新旧转化运动的客观规律。在整个"大、逝、远、反"的进程中，它的存在是既具有形式和现象，又具有内容和本质属性。

三十一、夫兵者，不祥之器

◎ 我是主持人

这一节仍是讲战争之道，是上一节的继续和发挥。上一节着重从后果讲，这一节以古代的礼仪来比喻。按中国古代的礼仪看，主居右，客居左，所以居左有谦让的意思，"君子居则贵左，用兵则贵右"。老子认为，兵器战争虽然不是祥的东西，但作为君子，在迫不得已之时，也要用战争的方式达到自己的目的，只是在获取胜利时不要以兵力逞强，不要随意地使用兵力杀人。相反，对于在战争中死去的人，还要真心表示哀伤痛心，并且以丧礼妥善安置死者。

◎ 原文

夫兵者，不祥之器，物或恶之，故有道者不处。君子居则贵左，用兵则贵右。兵者不祥之器，非君子之器，不得已而用之，恬淡为上，胜而不美，而美之者，是乐杀人。夫乐杀人者，则不可得志于天下矣。吉事尚左，凶事尚右。偏将军居左，上将军居右。言以丧礼处之。杀人之众，以悲哀莅之，战胜以丧礼处之。

◎ 注释

物或恶之：物，指人。意为人所厌恶、憎恶的东西。

贵左：古人以左为阳以右为阴，阳生而阴杀。尚左、尚右、居左、居右都是古人的礼仪。

恬淡：安静、沉着。

悲哀：一本作哀悲。

莅之：到达、到场。

◎ 译文

兵器啊，是不祥的东西，人们都厌恶它，所以有"道"的人不使用它。君子平时居处就以左边为贵而用兵打仗时就以右边为贵。兵器这个不祥的东西，不是君子所使用的东西，万不得已而使用它，最好淡然处之，胜利了也不要自鸣得意，如果自以为了不起，那就是喜欢杀人。凡是喜欢杀人的人，就不可能得志于天下。吉庆的事情以左边为上，凶丧的事情以右方为上，偏将军居于左边，上将军居于右边，这就是说要以丧礼仪式来处理用兵打仗的事情。战争中杀人众多，要用哀痛的心情参加，打了胜仗，也要以丧礼的仪式去对待战死的人。

◎ 直播课堂

战争会给人类带来巨大的灾祸，这是人所共知的。任继愈认为《道德经》"也是反对战争的"。因为在这一节里，老子说"夫兵者，不祥之器"，这里显然没有主战用兵的意思。但是，老子同时又说，对于战争"不得已而用之"，这表明老子在诅咒战争的同时，也还是承认了在"不得已"时还是要采用的。在春秋战国时期，战争是普遍的，国与国之间相互攻伐，战争规模日益扩大，动辄数万、数十万的兵力投入战争之中，伤亡极其惨重，而在战争期间受危害最大的，则是普通老百姓。每逢战争，人们扶老携幼、离乡背井四处逃亡，严重破坏社会正常的生产，也造成社会秩序的动荡不安，战争的确是带来灾难的东西。所谓君子迫不得已而使用战争的手段，这是为了除暴救民，舍此别无其他目的，即使如此，用兵者也应当"恬淡为上"，战胜了也不要得意扬扬，自以为是，否则就是喜欢用武杀人。这句话是对那些喜欢穷兵黩武的人们的警告。所以，我们认为《道德经》不是兵书，不是研究战争问题的，尤其不是为用兵者出谋划策的。老子谈论战争问题，目的在于反对战争。

三十二、道常无名

◎ 我是主持人

这一节讲了"无名""有名""知止","无名""有名"不是第一节中以"无"名、以"有"名的"无"和"有"的概念。"无名"指完全做到了不自见、不自是、不自伐、不自矜,所以称之为"朴"。本节表达了老子的"无为"的政治思想,认为侯王若能依照"道"的法则治天下,顺应自然,那样,百姓们将会自动地服从于他。老子用"朴"来形容"道"的原始"无名"的状态,这种原始质朴的"道",向下落实使万物兴作,于是各种名称就产生了。立制度、定名分、设官职,不可过分,要适可而止,这样就不会纷扰多事。老子认为,"名"是人类社会引争端的重要根源。

◎ 原文

　　道常无名,朴。虽小,天下莫能臣。侯王若能守之,万物将自宾。天地相合,以降甘露,民莫之令而自均。始制有名,名亦既有,夫亦将知止,知止可以不殆。譬道之在天下,犹川谷之于江海。

◎ 注释

　　无名、朴:这是指"道"的特征。
　　小:用以形容"道"是隐而不可见的。
　　莫能臣:臣,使之服从。这里是说没有人能使"道"臣服自己。
　　宾:服从。
　　自均:自然均匀。
　　始制有名:名,名分,即官职的等级名称。万物兴作,于是产生了各种名称。

不殆：没有危险。

之于：流入。

◎ 译文

"道"永远是无名而质朴的，它虽然很小不可见，但天下没有谁能使它服从自己。侯王如果能够依照"道"的原则治理天下，百姓们将会自然地归从于它。天地间阴阳之气相合，就会降下甘露，人们不必指使它而会自然均匀。治理天下就要建立一种管理体制，制定各种制度确定各种名分，任命各级官长办事。名分既然有了，就要有所制约，适可而止，知道制约、适可而止，就没有什么危险了。"道"存在于天下，就像江海，一切河川溪水都归流于它，使万物自然服从。

◎ 直播课堂

任继愈认为："老子的哲学，无论在世界观方面或在辩证法方面，都具有这种素朴的、直观的特点，老子的书中也是用直观来说明自然现象的普遍联系的。老子对世界的本原，说'无以名之，字之曰道，强名之曰'大'，又把道叫做'朴'（通常无名，朴虽小，天下莫能臣）。有时把道叫做'无名'（一节，"无名，天下之始"。三十二节，"道常无名"。三十七节，"镇之以无名之朴"。四十一节，"道隐无名"）。从这些例子可以证明老子书中的道，实在是浑然一体'无'名或'朴'。把老子的道看作纯精神的客观实在为绝对理念，与老子的原意不合。"我们知道，《道德经》里所讲的"道"，就是指物质世界的实体及其变化的原因和规律。

三十三、知人者智

◎ 我是主持人

本节讲个人修养与自我设计的问题，主张人们要丰富自己精神生活的

一系列观点。在老子看来,"知人""胜人"十分重要,但是"自知""自胜"更加重要。本节与九节、十节、十五节、二十节的写法比较类似,侧重于探讨人生哲理。老子在本节,全部用的正面直言的文字,与前面几节不同。十节用问话的形式出现,二十节以反话形式表达。他认为,一个人倘若能审视自己、坚定自己的生活信念,并且切实推行,就能够保持旺盛的生命力和饱满的精神风貌。

◎ 原文

知人者智,自知者明。胜人者有力,自胜者强。知足者富,强行者有志,不失其所者久,死而不亡者寿。

◎ 注释

强:刚强、果决。

强行:坚持不懈、持之以恒。

死而不亡:身虽死而"道"犹存。

◎ 译文

能了解、认识别人叫做智慧,能认识、了解自己才算聪明。能战胜别人是有力的,能克制自己的弱点才算刚强。知道满足的人才是富有人。坚持力行、努力不懈的就是有志。不离失本分的人就能长久不衰,身虽死而"道"仍存的,才算真正的长寿。

◎ 直播课堂

中国有一句话,叫"人贵有自知之明"。这句话的最早表述者,就是老子。"自知者明",就是说能清醒地认识自己、对待自己,这才是最聪明的,最难能可贵的。在本节里,老子提出精神修养的问题。任继愈说,这一节"宣传了一系列消极、保守、反省的精神修养观点","还宣传精神胜利法,说什么死而不亡是长寿,这些都是唯心主义的思想。"(任继愈《老子新译》)对于这种观点,有学者表示不同意,例如张松如认为,老子所说的这种观点"为什么是唯心主义呢,难道'死而不亡'是'有鬼论'吗?"他认为,这是见仁见智,人各有心。他认为个人的精神修养,可以使人具有智、明、力、强、富、志、久、寿这些品格和素质，这些都具有积极的意义。老子极力宣传"死而不亡"，这是他一贯的思想主张，体现"无为"的思想主旨。"死而不亡"并不是在宣传"有鬼论"，不是在宣扬"灵魂不灭"，而是说，人的身体虽然消失了，但人的精神是不朽的，是永垂千古的，这当然可以算做长寿了。

清末民初对《道德经》也有研究的著名学者梁启超曾说，人的肉体寿命不过区区数十载，人不可能长生不老，但人的精神则可以永垂不朽，因为他的肉体虽然消失了，而他的学说、他的思想、他的精神却会长期影响当代及后代的人们，从这个意义上讲，人完全可以做到"死而不亡"。梁启超的这种观点，应该讲主要所受的不是佛学的影响，而是受老子思想的影响。

三十四、大道泛兮

◎ 我是主持人

这一节说明"道"的作用，这是老子在《道德经》书中再次谈到"道"的问题。他认为，"道"生长万物，养育万物，使万物各得所需，而"道"又不主宰万物，完全顺其自然。这些观点，老子在前面某些节中已经做过论述。这一节是继续阐发三十二节的道理，讲"道"可以名为"小"，也可名为"大"，虽然没有明确指出"圣人""侯王"，但实际是在期望统治者们应该像"道"那样起"朴"的作用。此节内容从另一角度看，又是在谈作为"圣人""侯王"所应该具备的素质。

◎ 原文

大道泛兮，其可左右。万物恃之以生而不辞，功成而不有。衣养万物而不为主，常无欲，可名于小；万物归焉而不为主，可名为大。以其终不自为大，故能成其大。

◎ **注释**

不辞：辞，言辞，称说。意为不说三道四，不推辞、不辞让。

不有：不自以为有功。

衣养：一本作"衣被"，意为覆盖。

不为主：不自以为主宰。

常无欲：一本无此二字，认为此乃衍文。

小：渺小。

大：伟大。

◎ **译文**

大道广泛流行，左右上下无所不到。万物依赖它生长而不推辞，完成了功业，办妥了事业，而不占有名誉。它养育万物而不自以为主，可以称它为"小"，万物归附而不自以为主宰，可以称它为"大"。正因为它不自以为伟大，所以才能成就它的伟大、完成它的伟大。

◎ **直播课堂**

在学术界，关于老子的"道"的属性，有几种不同观点，最典型的主要是唯物论和唯心论截然对立的观点。持"唯心论"观点的学者认为"老子的'道'是一个超时空的无差别的绝对静止的精神本体"。对此，张松如认为，"我们不这样看。'大道泛兮，其可左右'，怎么能是'绝对静止的精神本体'呢？而且，就它覆育万物，而不自以为是主宰这方面看，'则恒无欲也，可名于小'；就万物归附它，而不知道谁是主宰这方面看，'则恒无名也，可名于大'。无欲、无名、可小、可大，这个'道'又怎么能是'超时空的无差别'呢？"许多学者认为，"道"作为抽象概念，它既不表现物质现实事物的本身，也不能离开形式推论或理论假设的思想，它只是由思维形式表述的一些东西，并不直接适用于对待客观现实的事物和现象（张松如《老子校读》）。我们同意张松如的观点，"道"是一个物质性的概念，它虽然是耳、目、触、嗅诸感觉器官都不能感受到的，但它却实实在在地存在于自然界，而不是仅凭人们的主观臆想存在的精神性概念。这一点是我们准确理解《道德经》中有关"道"的问题的关键所在。此外，老子在本节里发挥的"不辞""不有""不为主"的精神，可以消解占有欲、支配欲，从"衣养万物"中，使人们感受到爱与温暖的氛围。

三十五、执大象

◎ 我是主持人

　　这一节，述说了"道"的作用和影响，但本节和上一节，都不完全是前面各节论"道"的重复，而是含有言外之意。"道"的作用和影响不可低估，它可以使天下的人们都向它投靠而不相妨害，过上和平安宁的生活。因而可以这样说，本节实为"道"的颂歌。在《道德经》中，"道"已经被多次论及，但从来没有重复，而是层层深入、逐渐展开，使人切实感受"道"的伟大力量。

◎ 原文

　　执大象，天下往。往而不害，安平太。乐与饵，过客止，道之出口，淡乎其无味，视之不足见，听之不足闻，用之不足既。

◎ 注释

　　大象：大道之象。
　　安：乃，则，于是。
　　太：同"泰"，平和、安宁的意思。
　　乐与饵：音乐和美食。
　　既：尽的意思。

◎ 译文

　　谁掌握了那伟大的"道"，普天下的人们便都来向他投靠，向往、投靠他而不互相妨害，于是大家就和平而安泰、宁静。音乐和美好的食物，使过路的人都为之停步，用言语来表述大道，是平淡而无味的，看它，看也看不见，听它，听也听不见，而它的作用，却是无穷无尽的、无限制的。

◎ 直播课堂

　　"乐与饵"指流行的仁义礼法之治，"过客"指一般的执政者，但还不是指最高统治者。老子在本节里警诫那些执政的官员们不要沉湎于声色美食之中，应该归附于自然质朴的大道，才能保持社会的安定与发展。统治集团纵情声色，不理政事，这是在春秋末年带有普遍性的现象。诸侯国之间的战争，使人民群众遭受严重的痛苦。而在日常生活中，统治者荒于朝政，根本不关心人民群众的死活。老子对当时这种状况极为清楚，他在这节里所说的话，表明他为老百姓的安危生存而忧虑的历史责任感。

三十六、将欲歙之

◎ 我是主持人

　　有人认为这一节也是讲用兵的道理，不过我们认为这主要描述了老子的辩证法思想。本节谈到若干对矛盾双方互相转化的问题。例如，"物极必反""盛极而衰"等都可以说是自然界运动变化的规律，同时以自然界的辩证法比喻社会现象，以引起人们的警觉。这种观点贯穿于《道德经》全书。

◎ 原文

　　将欲歙之，必固张之；将欲弱之，必固强之；将欲废之，必固兴之；将欲取之，必固与之。是谓微明，柔弱胜刚强。鱼不可脱于渊，国之利器不可以示人。

◎ 注释

　　歙：敛，合。
　　固：暂且。

取：一本作"夺"。

与：给，同"予"字。

微明：微妙的先兆。

脱：离开、脱离。

利器：指国家的刑法等政教制度。

示人：给人看，向人炫耀。

◎ 译文

想要收敛它，必先扩张它，想要削弱它，必先加强它，想要废去它，必先抬举它，想要夺取它，必先给予它。这就叫做微妙而又显明，柔弱战胜刚强。鱼的生存不可以脱离池渊，国家的刑法政教不可以向人炫耀，不能轻易用来吓唬人。

◎ 直播课堂

从这一节的内容看，主要讲了事物的两重性和矛盾转化辩证关系，同时以自然界的辩证法比喻社会现象，引起某些人的警觉。在事物的发展过程中，都会走到某一个极限，此时，它必然会向相反的方向变化，本节的前八句是老子对于事态发展的具体分析，贯穿了老子所谓"物极必反"的辩证法思想。在以上所讲"合"与"张"、"弱"与"强"、"废"与"兴"、"取"与"与"这四对矛盾的对立统一体中，老子宁可居于柔弱的一面。在对人与物做了深入而普遍的观察研究之后，他认识到，柔弱的东西里面蕴涵着内敛，往往富于韧性，生命力旺盛，发展的余地极大。相反，看起来似乎强大刚强的东西，由于它的显扬外露，往往失去发展的前景，因而不能持久。在柔弱与刚强的对立之中，老子断言柔弱的呈现胜于刚强的外表。

第四章
上德不德，大成若缺

"德"有上下之分，"上德"完全合乎"道"的精神。"德"是"道"在人世间的体现，"道"是客观规律，而"德"是指人类认识并按客观规律办事。人们把"道"运用于人类社会产生的功能，就是"德"。"失道而后德"，这是在无为的类型内部说的，失道则沦为下德，那就与上仁相差无几了。"失德而后仁"，这是指离开了"无为"的类型才有了仁。仁已经是"有为""为之"了，所以"失仁而后义""失义而后礼"就是在"有为"范围内所显示出来的不同层次。

三十七、道常无为而无不为

◎ 我是主持人

本节是《道德经》中"道经"的最后一节，老子把第一节提出的"道"的概念，落实到他理想的社会和政治——自然无为。老子提到"道法自然"，自然是无为的，所以"道"也无为。"静""朴""不欲"都是无为的内涵。统治者如果可以依照"道"的法则为政，不危害百姓，不胡作非为，顺其自然，老百姓就不会滋生更多的贪欲，他们的生活就会自然、平静。

◎ 原文

道常无为而无不为。侯王若能守之，万物将自化。化而欲作，吾将镇之以无名之朴。镇之以无名之朴，夫将不欲。不欲以静，天下将自定。

◎ 注释

无为而无不为："无为"是指顺其自然，不妄为。"无不为"是说没有一件事是它所不能为的。

守之：之，指道。即守道。

自化：自我化育、自生自长。

欲：指贪欲。

无名之朴："无名"指"道"。"朴"形容"道"的真朴。

不欲：一本作"无欲"。

自定：一本作"自正"。

◎ 译文

道永远是顺其自然而无所作为的，却又没有什么事情不是它所作为的。侯王如果能按照"道"的原则为政治民,万事万物就会自我化育、自生自灭而得以充分发展。自生自长而产生贪欲时,我就要用"道"来镇住它。用"道"的真朴来镇服它,就不会产生贪欲之心了,万事万物没有贪欲之心了,天下便自然而然达到稳定、安宁。

◎ 直播课堂

"无为"的思想在老子《道德经》中多次阐述、解释。本节开头第一句即是"道常无为而无不为"。老子的道不同于其他宗教的神,神是有意志的、有目的的,而"道"则是非人格化的,它创造万物,但又不主宰万物,顺其自然万物的繁衍、发展、淘汰、新生,所以"无为"实际上是不妄为、不强为。这样做的结果,当然是无不为了。第二句便引入人类社会,谈到"道"的法则在人类社会的运用。老子根据自然界的"道常无为而无不为",要求"侯王若能守之",即在社会政治方面,也要按照"无为而无不为"的法则来实行,从而导引出"化而欲作,吾将镇之以无名之朴"的结论。老子认为,理想的执政者,只要恪守"道"的原则,就会达到"天下将自定"这样的理想社会。这里所说的"镇",有人解释为"镇压",并据此认为老子在这节的说明中露出了暴力镇压人民的面目:谁要敢一闹事,那就要严厉加以镇压。这种解释,我们感到有悖于老子的原意,"镇压"应当是"镇服""镇定",绝非是武力手段的"镇压"。由此,我们也认为,老子并不是代表奴隶主统治阶级的要求,而是从人类社会发展进步的角度考虑问题,并不是仅仅代表某一个阶级或阶层的利益和意愿。这表现出老子内心深沉的历史责任感,因而这是进步的、积极的。

三十八、上德不德

◎ 我是主持人

这一节是《德经》的开头。有人认为,上篇以"道"开始,所以叫做

《道经》；下篇以"德"字开始，所以叫《德经》。本节在《道德经》里比较难于理解。老子认为，"道"的属性表现为"德"，凡是符合于"道"的行为就是"有德"，反之，则是"失德"。"道"与"德"不可分离，但又有区别。

◎ 原文

上德不德，是以有德；下德不失德，是以无德。上德无为而无以为；下德无为而有以为。上仁为之而无以为；上义为之而有以为。上礼为之而莫之应，则攘臂而扔之。故失道而后德，失德面后仁，失仁而后义，失义而后礼。夫礼者，忠信之薄，而乱之首。前识者，道之华，而愚之始。是以大丈夫处其厚，不居其薄；处其实，不居其华。故去彼取此。

◎ 注释

上德不德：不德，不表现为形式上的"德"。此句意为，具备上德的人，顺其自然，不表现为形式上的德。

下德不失德：下德的人恪守形式上的"德"，不失德即形式上不离开德。

无德：无法体现真正的德。

上德无为而无以为：以，心、故意。无以为，即无心作为。此句意为：上德之人顺应自然而无心作为。

下德无为而有以为：此句与上句相对应，即下德之人顺其自然而有意作为。

攘臂：伸出手臂。

扔：意为强力牵引。

薄：不足、衰薄。

首：开始、开端。

前识者：先知先觉者，有先见之明者。

华：虚华。

处其愿：立身敦厚、朴实。

薄：指礼之衰薄。

◎ 译文

具备"上德"的人不表现为外在的有德,因此实际上是有"德";具备"下德"的人表现为外在的不离失"道",因此实际是没有"德"的。"上德"之人顺应自然无心作为,"下德"之人顺应自然而有心作为。"上仁"之人要有所作为却没有回应他,于是就扬着胳膊强引别人。所以,失去了"道"而后才有"德",失去了"德"而后才有"仁",失去了"仁"而后才有"义",失去了义而后才有"礼"。"礼"这个东西,是忠信不足的产物,而且是祸乱的开端。所谓"先知",不过是"道"的虚华,由此愚昧开始产生。所以大丈夫立身敦厚,不居于浇薄;存心朴实,不居于虚华。所以要舍弃浇薄虚华而采取朴实敦厚。

◎ 直播课堂

《道德经》一方面是谈"道",另一方面是论"德"。老子认为"上德"是完全合乎"道"的精神。老子说:"孔德之容,唯道是从","为天下溪,常德不离,复归于婴儿","为天下谷,常德乃足,复归于朴","生而不有,为而不恃,长而不宰,是谓玄德"。以上所讲的"孔德""常德""玄德"都是指这里所讲的"上德"。从政治角度去分析和理解所谓"上德",我们认为它不同于儒家所讲的"德政"。老子批评儒家"德政"不顾客观实际情况,仅凭人的主观意志加以推行,这不是"上德",而是"不德";而老子的"上德"则是"无以为""无为",它不脱离客观的自然规律,施政者没有功利的意图,不单凭主观意愿办事,这样做的结果当然是无为而无不为,即把"道"的精神充分体现在人间,所以又是"有德"。但是"下德"是"有以为"的"无为",却抱着功利的目的,任着主观意志办事。在本节里,老子把政治分成了两个类型、五个层次。两个类型即"无为"和"有为"。"道"和"德"属于"无为"的类型;仁、义、礼属于"有为"的类型。五个层次是道、德、仁、义、礼。这五个层次中,德和仁是最高标准,但"德"只是指"上德",不是"下德"。在本节里,老子用了"大丈夫"一词,是全书唯一使用的名词,过去有人将此解释为"智慧很高的人",原意大约相同于此,但其中也包含有豪爽、果敢、刚毅的内容。老子感受到人际关系愈来愈难以相处,所以在十分激动的情绪下使用了"大丈夫"这个词,并说"大丈夫处其厚,不居其薄;处其实,不居其华。故去彼取此"。本节使用了一些具体的规范把人的思想行为放在固定的形式中，即按忠信行事，不执行浇薄的礼。所以老子对政治的最低要求是摒去"薄"和"华"，恢复"厚"和"实"。

三十九、昔之得一者

◎ **我是主持人**

　　这一节讲"道"的普遍意义。前半段论述"道"的作用，天地万物都来源于"道"，或者说，"道"是构成一切事物所不可或缺的要素，如果失去了"道"，天地万物就不能存在下去。后半段由此推及到人间，告诫统治者从"道"的原则出发，并常要能"处下""居后""谦卑"，即贵以贱为根本，高以下为基础，没有老百姓为根本和基础，就没有高贵的侯王。因而在本节的内容中，同样包含有辩证法的因素。

◎ **原文**

　　昔之得一者，天得一以清；地得一以宁；神得一以灵；谷得一以盈，万物得一以生；侯王得一以为天一正。其致之也，谓天无以清，将恐裂；地无以宁，将恐废；神无以灵，将恐歇；谷无以盈，将恐竭；万物无以生，将恐灭；侯王无以正，将恐蹶。故贵以贱为本，高以下为基。是以侯王自称孤、寡、不谷。此非以贱为本邪？非乎？故至誉无誉。是故不欲琭琭如玉，珞珞如石。

◎ **注释**

　　得一：即得道。
　　神：或指人。
　　灵：灵性或灵妙。
　　正：一本作"贞"。意为首领。

其致之也：推而言之。

谓：假如说。帛书作"胃"。

天无以清：天离开道，就得不到清明。

废：荒废。

歇：消失、绝灭、停止。

竭：干涸、枯竭。

正：一本作"高贵"，一本作"贞"。

蹶：跌倒、失败、挫折。

自称：一本作"自谓"。

孤、寡、不谷：古代帝王自称为"孤""寡人""不谷"。不谷即不善的意思。

至誉无誉：最高的荣誉是无须称誉赞美的。

琭琭：形容玉美的样子。

珞珞：形容石坚的样子。

◎ 译文

往昔曾得到过道的：天得到道而清明；地得到道而宁静；神（人）得到道而英灵；河谷得到道而充盈；万物得到道而生长；侯王得到道而成为天下的首领。推而言之，天不得清明，恐怕要崩裂；地不得安宁，恐怕要震溃；人不能保持灵性，恐怕要灭绝；河谷不能保持流水，恐怕要干涸；万物不能保持生长，恐怕要消灭；侯王不能保持天下首领的地位，恐怕要倾覆。所以贵以贱为根本，高以下为基础，因此侯王们自称为"孤""寡""不谷"，这不就是以贱为根本吗？不是吗？所以最高的荣誉无须赞美称誉。不要求琭琭晶莹像宝玉，而宁愿珞珞坚硬像山石。

◎ 直播课堂

在《道德经》里，老子经常以"一"来代称"道"，如二十二节的"圣人抱一为天下式"。本节中，老子连续七次使用"一"字，其含义是相当深刻的。杨兴顺说："一切在流动着，一切在变化着，但老子认为，变化的基础是统一而不是矛盾的斗争。'天得一以清'……老子揭露了客观世界的矛盾，企图削弱矛盾，遏阻矛盾的尖锐化，为着这一目的，他把统一看成万物的基础而把它绝对化。"（《中国古代哲学家老子及其学说》）

事实上，老子认为宇宙的本原只有一个，宇宙的总规律也只有一个，因而他突出"一"，即宇宙起源的一元论，而且是物质的。在世界的自然万事万物之中，老子列举了许多相互矛盾的对立体，并认为对立物相互依存、相互转化，最终归于统一。所以，他一再使用"一"，也表明他认为矛盾和对立总要归于统一。在人类社会而言，老子也强调统一，认为侯王也要注重唯一的"道"，才能使天下有个准绳。这个准绳是什么？老子说，"贵以贱为本，高以下为基"。侯王应该认识到"贱""下"是自己的根基。有道的人无须光华如玉，还是质朴更好一些。总而言之，本节开头就是讲道的普遍性、重要性，不论是天、地、神、谷、万物、侯王，都是来源于道，如果失去了道，一切都不会再存在下去。

四十、反者道之动

◎ 我是主持人

在本节里，老子用极其简练的文字，讲述了"道"的运动变化法则和"道"产生天下万物的作用。关于"道"的基本理论，本节虽然只有两句话，但言简意赅，含义十分丰富。

◎ 原文

反者道之动，弱者道之用。天下万物生于有，有生于无。

◎ 注释

反者：循环往复。一说意为相反，对立面。

弱者：柔弱、渺小。

有：与一节中"有名万物之母"的"有"相同，但不是"有无相生"的"有"字。这里指道的有形质。

无：与一节中的"无名天地之始"的"无"相同，但不同于"有无相生"的"无"。此处的"无"指超现实世界的形上之道。

◎ 译文

循环往复的运动变化，是道的运动，道的作用是微妙、柔弱的。天下的万物产生于看得见的有形质，有形质又产生于不可见的无形质。

◎ 直播课堂

老子在《道德经》里，多次涉及"事物的矛盾和对立转化是永恒不变的规律"，概括了自然和人类社会的现象与本质，这是十分光辉和精辟的见解。"反者道之动"，历来解释者有两种观点：一是说矛盾着的对立物各自向着自己的对立面转化；二是说事物运动变化的规律是循环往复的。其实这两种解释意思是相同的。因为老子承认运动，承认运动循环往复、周而复始。这当然是老子认识上的不足。因为对立面的互相转化，必须在一定条件下，才得实现，不具备一定条件，是不能转化的。不经过任何努力，不管在任何情况下，都会发生转化，这就多少带有宿命论的色彩了。"弱者道之用"，是说"道"在发挥作用的时候，用的是柔弱的方法，这不完全是消极的，同样也有积极性的一面，道创造万物，并不使万物感到有什么强迫的力量，而是自然而然地发生和成长。用弱和用强，也就是"无为"和"有为"的区别。"天下万物生于有，有生于无"。有的论者认为这一句可以概括出"无—有—万物"的公式，并说万物毕竟是从"无"而来的。其实，老子讲"有"和"无"，并不曾把"无"当做第一性的东西，而把"有"当做第二性的东西，他是把有与无当做相互对立的两个哲学范畴，有与无都是道的属性，是道产生天地万物时由无形质落向有形质的活动过程。

四十一、上士闻道

◎ 我是主持人

　　这一节引用了十二句古人说过的话，列举了一系列构成矛盾的事物双方，表明现象与本质的矛盾统一关系，它们彼此相异，互相对立，又是互相依存，彼此具有统一性，从矛盾的观点，说明相反相成是事物发展变化的规律。在这里，老子讲了上士、中士、下士各自"闻道"的态度：上士听了道，努力去实行；中士听了道，漠不动心、将信将疑，下士听了以后哈哈大笑。说明"下士"只见现象不见本质，还要抓住一些表面现象来嘲笑道，但道是不怕浅薄之人嘲笑的。

◎ 原文

　　上士闻道，勤而行之；中士闻道，若存若亡；下士闻道，大笑之。不笑不足以为道。故建言有之：明道若昧，进道若退，夷道若纇。上德若谷；大白若辱；广德若不足；建德若偷；质真若渝。大方无隅；大器晚成；大音希声；大象无形；道隐无名。夫唯道，善贷且成。

◎ 注释

　　建言：立言。
　　夷：平坦。
　　纇：崎岖不平、坎坷曲折。
　　大白若辱：辱，黑垢。一说此名应在"大方无隅"一句之前。
　　建德若偷：偷，意为惰。刚健的德好像怠惰的样子。
　　质真若渝：渝，变污。质朴而纯真好像浑浊。
　　大方无隅：隅，角落、墙角。最方整的东西却没有角。

善贷且成：贷，施与、给予。引申为帮助、辅助之意。此句意为：道使万物善始善终，而万物自始至终也离不开道。

◎ 译文

上士听了道的理论，努力去实行；中士听了道的理论，将信将疑；下士听了道的理论，哈哈大笑。不被嘲笑，那就不足以成其为道了。因此古时立言的人说过这样的话：光明的道好似暗昧；前进的道好似后退；平坦的道好似崎岖；崇高的德好似峡谷；广大的德好像不足；刚健的德好似怠惰；质朴而纯真好像混浊未开。最洁白的东西，反而含有污垢；最方正的东西，反而没有棱角；最大的声响，反而听来无声无息；最大的形象，反而没有形状。道幽隐而没有名称，无名无声。只有道，才能使万物善始善终。

◎ 直播课堂

本节前面先讲了"上士""中士""下士"闻道的反应。"上士"即高明的小奴隶主贵族，"中士"即平庸的贵族，"下士"即浅薄的贵族。上、中、下不是就政治上的等级制度而言，而是就其思想认识水平的高低而言。"道"的本质隐藏在现象后面，浅薄之士是无法看到的，所以不被嘲笑就不称其为"道"。在后面所引的十二句成语中，前六句是指"道""德"而言的。后六句的"质真""大白""大方""大器""大音""大象"指"道"或道的形象，或道的性质。所以引完这十二句格言以后，用一句话加以归纳："道"是幽隐无名的，它的本质是前者，而表象是后者。这十二句，从有形与无形、存在与意识、自然与社会各个领域多种事物的本质和现象中，论证了矛盾的普遍性，揭示出辩证法的真谛。这是极富智慧的。

四十二、道生一

◎ 我是主持人

这一节的前半部分讲的是老子的宇宙生成论。这里老子说到"一""二""三",乃是指"道"创生万物的过程。这是继四十节之后,又一段关于"道"的基本原理的重要论述。宇宙万物的总根源是"混而为一"的"道",对于千姿百态的万物而言,"道"是独一无二的。另一段话是警诫王公要以贱为本、以下为基的。对后一段内容,有的学者认为这一段文字与上一段讲的原理关联不上,疑为三十九节文字错移本节。另一种说法是两段前后虽然不相密切关联,但意义仍相近。这是讲矛盾的双方既是对立的,又是统一的,事物相反相成,双方并非不变,而是可以互相转化的。所以,这一节再次表达了老子的辩证法思想。

◎ 原文

道生一,一生二,二生三,三生万物。万物负阴而抱阳,冲气以为和。人之所恶,唯孤、寡、不谷,而王公以为称。故物或损之而益,或益之而损。人之所教,我亦教之。强梁者不得其死,吾将以为教父。

◎ 注释

一:这是老子用以代替道这一概念的数字表示,即道是绝对无偶的。

二:指阴气、阳气。"道"的本身包含着对立的两方面。阴阳二气所含育的统一体即是"道"。因此,对立着的双方都包含在"一"中。

三:即是由两个对立的方面相互矛盾冲突所产生的第三者,进而生成万物。

负阴而抱阳:背阴而向阳。

冲气以为和：冲，冲突、交融。此句意为阴阳二气互相冲突交和而成为均匀和谐状态，从而形成新的统一体。

孤、寡、不谷：这些都是古时候君主用以自称的谦词。

教父：父，有的学者解释为"始"，有的解释为"本"，有的解释为"规矩"。有根本和指导思想的意思。

◎ 译文

道是独一无二的，道本身包含阴阳二气，阴阳二气相交而形成一种适匀的状态，万物在这种状态中产生。万物背阴而向阳，并且在阴阳二气的互相激荡而成新的和谐体。人们最厌恶的就是"孤""寡""不谷"，但王公却用这些字来称呼自己。所以一切事物，如果减损它却反而得到增加；如果增加它却反而得到减损。别人这样教导我，我也这样去教导别人。强暴的人死无其所。我把这句话当做施教的宗旨。

◎ 直播课堂

本节第一段话，说到一、二、三这几个数字，这并不是把一、二、三看作具体的事物和具体数量。它们只是表示"道"生万物从少到多，从简单到复杂的一个过程，这就是"冲气以为和"。这里老子否定了神的存在，从多元论的宇宙观发展为一元论的宇宙观，这是值得称道的。冯友兰说："老子书说'道生一，一生二，二生三，三生万物，万物负阴而抱阳，冲气以为和'（四十二节）。这里说的有三种气：冲气、阴气、阳气。我认为所谓冲气就是一，阴阳是二，三在先秦是多数的意思。二生三就是说，有了阴阳，很多的东西就生出来了。那么冲气究竟是哪一种气呢？照后来《淮南子》所讲的宇宙发生的程序说，在还没有天地的时候，有一种混沌未分的气，后来这种气起了分化，轻清的气上浮为天，重浊的气下沉为地，这就是天地之始。轻清的气就是阳气，重浊的气就是阴气。在阴阳二气开始分化而还没有完全分化的时候，在这种情况中的气就叫做冲气。'冲'是道的一种性质，'道冲而用之或不盈'。这种尚未完全分化的气，与道相差不多，所以叫冲气。也叫做一。"（《老子哲学讨论集》第4页）冯先生的这一分析是很有见地的。在本节后半部分，老子讲了柔弱退守是处世的最高原则，谦受益，满招损，这也合乎辩证之道。

四十三、天下之至柔

◎ **我是主持人**

　　本节是讲人之尊严的，申述"柔之胜刚，弱之胜强"的"是谓微明"之术。讲了柔弱可以战胜刚强的原理，又讲了"不言"的教诲、"无为"的益处。此意贯穿于老子《道德经》的全书之中。他指出，最柔弱的东西里面，蓄积着人们看不见的巨大力量，使最坚强的东西无法抵挡。"柔弱"发挥出来的作用，在于"无为"。水是最柔的东西，但它却能够穿山透地。所以老子以水来比喻柔能胜刚的道理。

◎ **原文**

　　天下之至柔，驰骋天下之至坚。无有入无间，吾是以知无为之有益。不言之教，无为之益，天下希及之。

◎ **注释**

　　驰骋：形容马奔跑的样子。
　　无有入无间：无有：指不见形象的东西。无形的力量能够穿透没有间隙的东西。
　　希：一本作"稀"，稀少。

◎ **译文**

　　天下最柔弱的东西，腾越穿行于最坚硬的东西中；无形的力量可以穿透没有间隙的东西。我因此认识到"无为"的益处。"不言"的教导，"无为"的益处，普天下少有能赶上它的了。

◎ 直播课堂

　　"贵柔"是《道德经》的基本观念之一，除本节论述外，七十六节以及其他一些节里也多所论及。"柔弱"是"道"的基本表现和作用，它实际上已不局限于与"刚强"相对立的狭义，而成为《道德经》概括一切从属的、次要的方面的哲学概念。老子认为，"柔弱"是万物具有生命力的表现，也是真正有力量的象征。如果我们深入一个层次去考虑问题，就会发现老子要突出的是事物转化的必然性。他并非一味要人"守柔""不争"，而是认为"天下之至柔，驰骋天下之至坚"，即柔弱可以战胜刚强。这是深刻的辩证法的智慧。因此，发现了"柔弱"方面的意义是老子的重大贡献。

四十四、名与身孰亲

◎ 我是主持人

　　此节是讲人之尊严的。十三节是以宠辱荣患和人的自身价值对比，说明人要自重、自爱。这一节是以名与货和人的自身价值对比，也是要人自重、自爱。老子宣传的是这样一种人生观：人要贵生重己，对待名利要适可而止，知足知乐，这样才可以避免遇到危难；反之，为名利奋不顾身，争名逐利，则必然会落得身败名裂之可悲下场。

◎ 原文

　　名与身孰亲？身与货孰多？得与亡孰病？甚爱必大费，多藏必厚亡。故知足不辱，知止不殆，可以长久。

◎ 注释

　　货：财富。

多：轻重的意思。
得：指名利。
亡：指丧失性命。
病：有害。
甚爱必大费：过于爱名就必定要付出很大的耗费。
多藏必厚亡：丰厚的藏货就必定会招致惨重的损失。
知足不辱：今本没有"故"字，据帛书补之。

◎ 译文

声名和生命相比哪一样更为亲切？生命和货利比起来哪一样更为贵重？获取和丢失相比，哪一个更有害？过分的爱名利就必定要付出更多的代价；过于积敛财富，必定会招致更为惨重的损失。所以说，懂得满足，就不会受到屈辱；懂得适可而止，就不会遇见危险；这样才可以保持住长久的平安。

◎ 直播课堂

虚名和人的生命、货利与人的价值哪一个更可贵？争夺货利还是重视人的价值，这二者的得与失，哪一个弊病多呢？这是老子在本节里向人们提出的尖锐问题，这也是每个人都必然会遇到的问题。有人解释说，本节是讲吝惜生命，与提倡奋不顾身是格格不入的两种生命观。事实上，吝惜生命并不是贪生怕死，老子讲的是对宠辱荣患和虚名货利来说，不要贪图虚荣与名利，要珍惜自身的价值与尊严，不可自贱其身。本节里讲"知足不辱，知止不殆"，这是老子处世为人的精辟见解和高度概括。"知足"就是说，任何事物都有自己的发展极限，超出此限，则事物必然向它的反面发展。因而，每个人都应该对自己的言行举止有清醒的准确的认识，凡事不可求全。贪求的名利越多，付出的代价也就越大，积敛的财富越多，失去也就越多。他希望人们，尤其是手中握有权柄之人，对财富的占有欲要适可而止，要知足，才可以做到"不辱"。"多藏"，就是指对物质生活的过度追求，一个对物质利益片面追求的人，必定会采取各种手段来满足自己的欲望，有人甚至会以身试法。"多藏必厚亡"，意思是说丰厚的贮藏必有严重的损失。这个损失并不仅仅指物质方面的损失，而且指人的精神、人格、品质方面的损失。

四十五、大成若缺

◎ 我是主持人

这一节在内容上和行文上,都可以说是四十一节的继续,是讲内容和形式、本质和现象的辩证关系。四十一节讲的是"道",本节讲的是"人格"。其中"大成""大盈"的人格形态,"若缺""若冲""若屈""若拙""若讷"的外在表现,都是说明一个完美的人格,不在外形上表露,而为内在生命的含藏内收。

◎ 原文

大成若缺,其用不弊。大盈若冲,其用不穷。大直若屈,大巧若拙,大辩若讷。静胜躁,寒胜热。清静为天下正。

◎ 注释

大成:最为完满的东西。

冲:虚,空虚。

屈:曲。

讷:拙嘴笨舌。

静胜躁,寒胜热:清静克服扰动,寒冷克服暑热。

正:通"政"。

◎ 译文

最完满的东西,好似有残缺一样,但它的作用永远不会衰竭;最充盈的东西,好似是空虚一样,但是它的作用是不会穷尽的。最正直的东西,好似有弯曲一样;最灵巧的东西,好似最笨拙的;最卓越的辩才,好似不善言辞一样。清静克服扰动，寒冷克服暑热。清静无为才能统治天下。

◎ 直播课堂

任继愈在《老子新译》中写道："这一节讲的是辩证法思想。老子认为有些事物表面看来是一种情况，实质上却又是一种情况。表面情况和实际情况有时完全相反。在政治上不要有为，只有贯彻了'无为'的原则，才能取得成功。"这个分析是准确的。老子运用辩证法认识事物、认识人。尤其对于那些国富兵强，拓地千里、并国数十、成其大功的王侯将相，如果不因此而昏昏然，看到自己的缺陷和不足；丰满充盈的如果能以细小视之，富裕却以不足居之，再加上如屈、如拙，当然会其用无穷。

四十六、天下有道

◎ 我是主持人

这一节主要反映了老子的反战思想。在春秋时期，诸侯争霸，兼并和掠夺战争连年不断，给社会生产和人民群众的生活造成了沉重灾难。对此，老子明确表示了自己的主张，他分析了战争的起因，认为是统治者贪欲太强。那么解决问题的办法是要求统治者知足常乐，这种观点可以理解，但他没有明确区分战争的性质，因为当时的战争有奴隶主贵族互相兼并政权，也有的是地主阶级崛起后推翻奴隶主统治的战争，还有劳动民众的反抗斗争。因此，在本节里，老子所表述的观点有两个问题，一是引起战争的根源；二是对战争没有加以区分。

◎ 原文

天下有道，却走马以粪，天下无道，戎马生于郊。祸莫大于不知足，咎莫大于欲得。故知足之足，常足矣。

◎ **注释**

却：退回。

走马以粪：粪，耕种，播种。此句意为用战马耕种田地。

戎马：战马。

生于郊：指牝马生驹于战地的郊外。

故知足之足，常足矣：知道满足的这种满足，是永远满足的。

◎ **译文**

治理天下合乎"道"，就可以做到太平安定，把战马退还到田间给农夫用来耕种。治理天下不合乎"道"，连怀胎的母马也要送上战场，在战场的郊外生下马驹子。最大的祸害是不知足，最大的过失是贪得的欲望。知道到什么地步就该满足了的人，永远是满足的。

◎ **直播课堂**

张松如先生在《老子校读》一书中写道："老子反对的当然是春秋列国各贵族领主集团间频繁的兼并战争和掠夺战争。尽管有人指出说，这些战争，从其主流说，也有一定的进步趋势；但是对人民说来，特别是对从事农业生产的广大劳动人民群众说来，不可避免地要带来种种惨祸、暴行、灾难的痛苦。这是可以想见的。老子反对这些战争岂不是理所当然的吗？顺便说一句，有人曾说，老子是兵家。可是从古以来，那里会有反战的兵家呢？在这里，老子认为战争是由于封建统治者不知足、贪心重所引起的，只要是能知足，满足于现状，不贪求什么，就不会发生战争。'知足之足，恒足矣'。这是一种唯心史观，至于'寡欲''知足'的提出，对当时封建贵族领主集团的无厌欲求，无异于是一个强烈的抗议。"

胡寄窗先生说："寡欲的具体表现是'知足'。老子学派把知足看得非常重要，以为知足可以决定人们的荣辱、生存、祸福。……不仅此也，他们并将知足作为从主观上分辨贫富的标准。如知足，则虽客观财富不多而主观上亦可自认为富有，'知足者富''富莫大于知足'。因此知'足'之所以为足，则常足矣，常足当然可以看做是富裕。反之，客观财富虽多，但由于主观的不知足，贪得无厌，能酿成极大的祸害。从这里可以看出老

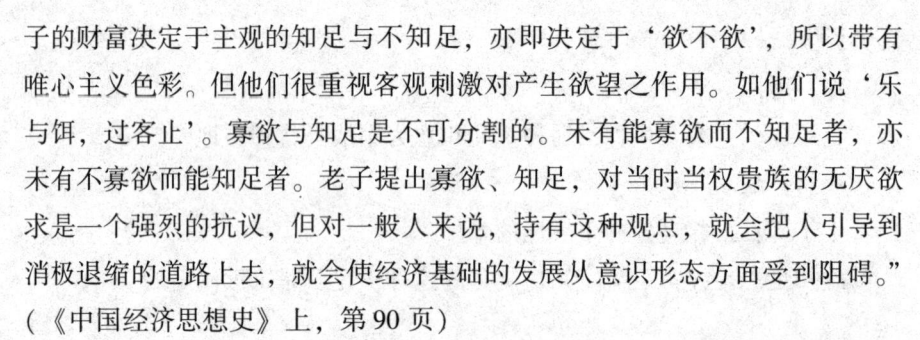

子的财富决定于主观的知足与不知足，亦即决定于'欲不欲'，所以带有唯心主义色彩。但他们很重视客观刺激对产生欲望之作用。如他们说'乐与饵，过客止'。寡欲与知足是不可分割的。未有能寡欲而不知足者，亦未有不寡欲而能知足者。老子提出寡欲、知足，对当时当权贵族的无厌欲求是一个强烈的抗议，但对一般人来说，持有这种观点，就会把人引导到消极退缩的道路上去，就会使经济基础的发展从意识形态方面受到阻碍。"（《中国经济思想史》上，第90页）

张松如先生和胡寄窗先生的以上论说是中肯的。因为战争的起因往往是侵略者一方野心勃勃、攻占城池、吞并邻国，扰害百姓。本节警告当政者不可无厌贪求，切记清静无为之戒条。这的确是为社会的发展、民众的安定而殚精竭虑，还是值得肯定的。

四十七、不出户，知天下

◎ 我是主持人

这一节主要谈的是哲学上的认识论。这里的基本观点是：在认识上纯凭感觉经验是靠不住的。因为这样做无法深入事物的内部，不能认识事物的全体，而且还会扰乱人的心灵。那么，要认识事物就只有靠内在的自省，进行自我修养，才能领悟"天道"，知晓天下万物的变化发展规律。对此，学术界在讨论老子哲学认识论时，有的观点是说，老子是彻头彻尾的唯心主义先验论者，而有的观点则说，老子并不轻视实践所获取的感性知识，只是夸大了理性认识的作用。关于这几种观点的争论，将在本节评析中详加论述。

◎ 原文

不出户，知天下；不窥牖，见天道。其出弥远，其知弥少。是以圣人不行而知，不见而明，不为而成。

◎ 注释

　　窥：从小孔隙里看。牖：窗户。
　　天道：日月星辰运行的自然规律。
　　不见而明：一本作"不见而名"。此句意为不窥见而明天道。
　　不为：无为、不妄为。

◎ 译文

　　不出门户，就能够推知天下的事理；不望窗外，就可以认识日月星辰运行的自然规律。他向外奔逐得越远，他所知道的道理就越少。所以，有"道"的圣人不出行却能够推知事理，不窥见而能明了"天道"，不妄为而可以有所成就。

◎ 直播课堂

　　陈鼓应先生说："老子认为世界上一切事物都依循着某种规律运行着，掌握着这种规律（或原则），当可洞察事物的真情实况。他认为心灵的深处是透明的，好像一面镜子，这种本明的智慧，上面蒙着一层如灰尘般的情欲（情欲活动受到外界的诱发就会趋于频繁）。老子认为我们应通过自我修养的功夫，作内观返照，净化欲念，清除心灵的蔽障，以本明的智慧，虚静的心境，去览照外物，去了解外物和外物运行的规律。"（《老子注释及评介》第49页）我们同意陈鼓应先生的见解。以往批评老子的认识论是彻头彻尾唯心主义先验论的论著，都要引"不出户，知天下"作为论据。这样的认识实际是一种误解。老子是一位博学多识之人，他有丰富的生活实践经验。在以前的若干节中，我们可以看到许多涉及社会生活和自然界的内容，这些都表明老子极为重视生活实践。但更重要的是，老子是极富智慧之人，是天才的哲人。他的意思是，并不是什么事都只有经过本人的实践才能认识，那是不可能的。因此要重视理性认识和间接知识。"不出户""不窥牖"这类极而言之的强调手法，从古到今都是普遍应用的。不过，我们的看法是，研究老子，研究《道德经》，应当深入体会其中蕴涵着的真实观点，不可望文生义，更不可片面理解。同时，还要坚持历史唯物主义的思想方法。因为正确地说明感性认识和理性认识的辩证关系，这不是春秋时期的思想家们所能够解决的重大哲学论题。

第五章
出生入死,以正治国

老子生逢乱世,他看到人生危机四伏,生命安全随时随地受到威胁,因此他主张不要靠战争、抢夺来保护自己,不要以奢侈的生活方式来营养自己,而是清静无为、恪守"道"的原则。他不妄为,不伤害别人。别人也找不到对他下手的机会,这就可以排除造成人们寿命短促的人为因素。老子以本章文字对人们进行劝说,希望人们能够做到少私寡欲,清静质朴,纯任自然。

四十八、为学日益

◎ 我是主持人

　　本节讲"为学"和"为道"的问题。先讲"为学",是求外在的经验知识,经验知识愈积累愈多。老子轻视外在的经验知识,认为这种知识掌握得越多,私欲妄见也就层出不穷。"为道"和"为学"就不同一。"为道"是通过直观体悟以把握事物未分化的状态或内索自身虚静的心境,它不断地除去私欲妄见,使人日渐返璞归真,最终可以达到"无为"的境地。这一节所讲的"为学"是反映"政教礼乐之学",老子认为它足以产生机智巧变。只有"清静无为",没有私欲妄见的人才可以治理国家。因而,老子希望人们走"为道"的路子。

◎ 原文

　　为学日益,为道日损,损之又损,以至于无为。无为而无不为,取天下常以无事;及其有事,不足以取天下。

◎ 注释

　　为学日益:为学,是反映探求外物的知识。此处的"学"当指政教礼乐。日益:指增加人的知见智巧。
　　为道日损:为道,是通过冥想或体验的途径,领悟事物未分化状态的"道"。此处的"道",指自然之道,无为之道。损,指情欲文饰日渐泯损。
　　无为而无不为:不妄为,就没有什么事情做不成。
　　取:治、摄化之意。
　　无事:无扰攘之事。
　　有事:繁苛政举在骚扰民生。

◎ 译文

求学的人，其情欲文饰一天比一天增加；求道的人，其情欲文饰则一天比一天减少。减少又减少，到最后以至于"无为"的境地。如果能够做到无为，即不妄为，任何事情都可以有所作为。治理国家的人，要经常以不骚扰人民为治国之本，如果经常以繁苛之政扰害民众，那就不配治理国家了。

◎ 直播课堂

任继愈先生认为："老子承认求学问，天天积累知识，越积累，知识越丰富。至于要认识宇宙变化的总规律或是认识宇宙的最后的根源，就不能靠积累知识，而要靠'玄览''静观'。他注重理性思维这一点是对的，指出认识总规律和认识个别的东西的方法应有所不同，也是对的。老子的错误在于把理性思维绝对化使他倒向了唯心主义，甚至陷于排斥感性知识的错误。"（《老子的研究》，《老子哲学讨论集》第3页）张松如先生说："'为学者日益，为道者日损'，并不是老子的一种什么神秘的、蒙昧的反理性的主张，而是一定发展中的历史现象在观念形态上的客观反映。""在这剖析过程中，由于受着不得突破的阶级的和历史的局限，在所推导的结论中，还带有一定程度的复古主义色彩，显示了骸骨迷恋的情绪，而不曾投射出向前看的目光。然而，这并不能掩盖它有关'学'与'道'，有关'日益'和'日损'的辩证思维的光辉。"（《老子校读》第8页）虽然，其评论未必对，但任继愈先生很好地阐释了老子的"为学"与"为道"的关系，有利于人们理解老子的"无为"和"无不为"。"无为而无不为"是老子提出来的极富智慧的命题。事实上，在中国古代，主张"无为"的学者不止老子一人，例如孔子就曾说过"无为而治者，其舜也与，夫何为哉，恭己正南面而已。"这句话的意思是，自己不做什么事情而使得天下太平的人，大概只有舜了，他做了什么呢？他只是庄重端坐在他的王位上罢了。

老子把"无为"的思想发挥到极高的程度，从哲学高度来论证"无为"的社会意义。"无为"表面看来，似乎是一种后退的手段，但真正的目的，则在于避开前进中所存在的矛盾和问题，从而占据主动，以达到"无不为"的最终目的。

四十九、圣人常无心

◎ 我是主持人

文中所讲的"圣人",是老子理想中的执政者。老子认为,理想的执政者没有私心,以百姓之心为心,使人人守信、向善。老子把以"道"治天下的希望寄托给一个理想的"圣人",在他的治理下,人人都回复到婴儿般纯真的状态。这种见解是有进步意义的。本节从文字上和内容上看,都是紧接前一节的问题,深入进行分析论证的。

◎ 原文

圣人常无心,以百姓之心为心。善者,吾善之;不善者,吾亦善之,德善。信者,吾信之;不信者,吾亦信之,德信。圣人在天下,歙歙焉为天下浑其心,百姓皆注其耳目,圣人皆孩之。

◎ 注释

常无心:一本作无常心。意为长久保持无私心。
德:假借为"得"。
歙:吸气。此处指收敛意欲。
浑其心:使人心思化归于浑朴。
百姓皆注其耳目:百姓都使用自己的智谋,生出许多事端。
圣人皆孩之:圣人使百姓们都回复到婴孩般纯真质朴的状态。

◎ 译文

圣人常常是没有私心的,以百姓的心为自己的心。对于善良的人,我善待他;对于不善良的人,我也善待他,这样就可以得到善良了,从而使人人向善。对于守信的人,我信任他;对不守信的人,我也信任他,这样可以得到诚信了,从而使人人守信。有道的圣人在其位,收敛自己的欲意,使天下的心思归于浑朴。百姓们都专注于自己的耳目聪明,有道的人使他们都回到婴孩般淳朴的状态。

◎ 直播课堂

"圣人"生于天下,他能够恰当地收敛自己的心欲,兢兢业业地不敢放纵自己,不敢与民争利,不敢以自己主观意志而妄为。他治理国家往往表现出浑噩质朴的特征,对于注目而视、倾耳而听,各用聪明才智甚至机心巧诈的老百姓,圣人却要他们都回归到婴儿般无知无欲的纯真状态。这位体道的"圣人",是被老子美化了的统治者,这是在前面几节里已经谈到过的。但是,正如张松如先生所说的那样,"老子是站是什么立场的说话?岂不显然是站在封建统治者的立场吗?不是的,这道理我们已经一再指出过了。他是作为农业小生产者即小农阶层愿望的表达者来发言的。"(《老子校读》第86页)

五十、出生入死

◎ 我是主持人

这一节讲两种养生之道。一种是因营养过剩、骄奢淫逸,故而短命夭折;一种是因行动不慎而造成伤亡。老子认为,人活在世,应善于避害,则可以保全生命长寿。他注意到人为因素对生命的影响,要求人们不要靠着争夺来保养自己,而要以清静无为的态度远离死地。

◎ 原文

出生入死,生之徒,十有三;死之徒,十有三;人之生,动之于死地,亦十有三。夫何故?以其生之厚。盖闻善摄生者,陆行不遇兕虎,入

军不被甲兵。兕无所投其角，虎无所措其爪，兵无所容其刃。夫何故？以其无死地。

◎ 注释

　　出生入死：出世为生，入地为死。一说离开了生存必然走向死亡。

　　生之徒：徒，应释为类。即长寿之人。

　　十有三：十分之三。

　　死之徒：属于夭折的一类。

　　人之生，动之于死地：此句意为人本来可以长生的，却意外地走向死亡之路。

　　生之厚：由于求生的欲望太强，营养过剩，因而奉养过厚了。

　　摄生：指养生之道，即保养自己。

　　兕：音sì，属于犀牛类的动物。

　　入军不被甲兵：战争中不被杀伤。

　　无死地：没有进入死亡范围。

◎ 译文

　　人始出于世而生，最终入于地而死。属于长寿的人有十分之三；属于短命而亡的人有十分之三；人本来可以活得长久些，却自己走向死亡之路，也占十分之三。为什么会这样呢？因为奉养太过度了。据说，善于养护自己生命的人，在陆地上行走，不会遇到凶恶的犀牛和猛虎，在战争中也受不到武器的伤害。犀牛于其身无处投角，老虎对其身无处伸爪，武器对其身无处刺击锋刃。为什么会这样呢？因为他没有进入死亡的领域。

◎ 直播课堂

　　对于此节中"以其无死地"一句，庄子是这样解释的："列子问关尹曰：'至人潜行不窒，蹈火不热，行乎万物之上而不栗。请问何以至此？'关尹曰：'是纯气之守也，非知巧果敢之列。……夫若是者，其天守全，其神无隙，物奚自入焉？夫醉者之坠车，虽疾不死，骨节与人同，而犯害与人异，其神全也。乘亦不知也，坠亦不知也，死生惊惧，不入乎其胸中，是故物而不慴。彼得全于酒，而犹若是，而况得全于天乎？圣人藏于天，故莫之能伤也。'"这句话对老子的"以其无死地"是一个很好的注脚,只要人能够依照天道行事,那么外患就不能侵入其身,他就不会走向死亡的领域。所以任继愈先生说:"老子看来,这个世界到处埋伏着危险,生命随时受到威胁。他主张处处小心,不要进入危险范围,只有无所作为,才最安全,最足以保全性命。"(《老子新译》)

五十一、道生之

◎ 我是主持人

　　这一节是着重讲"德"的作用,可以看做是三十八节的继续。老子在这节里再一次发挥了"道"以"无为"的方式生养了万物的思想。本节里的"玄德"即"上德"。老子认为,"道"生长万物,"德"养育万物,但"道"和"德"并不干涉万物的生长繁衍,而是顺其自然。"德"是"道"的化身,是"道"的人世间的具体作用。万物成长的过程是:第一,万物由"道"产生;第二,"道"生万物之后,又内在于万物,成为万物各自的本性;第三,万物依据各自的本性而发展个别独特的存在;第四,周围环境的培养,使各物生长成熟。

◎ 原文

　　道生之,德畜之,物形之,势成之。是以万物莫不尊道而贵德。道之尊,德之贵,夫莫之命而常自然。故道生之,德畜之,长之育之,成之熟之;养之覆之。生而不有,为而不恃,长而不宰,是谓玄德。

◎ 注释

　　势:万物生长的自然环境。
　　莫之命而常自然:不干涉或主宰万物,而任万物自化自成。
　　养:爱养、护养。

覆：维护、保护。

玄德：即上德。它产生万物而不据为己有，养育万物而不自恃有功。

◎ 译文

道生成万事万物，德养育万事万物。万事万物现出各种各样的形态，环境使万事万物成长起来。故此，万事万物莫不尊崇道而珍贵德。道之所以被尊崇，德所以被珍贵，就是由于道生长万物而不加以干涉，德畜养万物而不加以主宰，顺其自然。因而，道生长万物，德养育万物，使万物生长发展，成熟结果，使其受到抚养、保护。生长万物而不据为己有，抚育万物而不自恃有功，导引万物而不主宰，这就是奥妙玄远的德。

◎ 直播课堂

在前面的某些节中，我们已经了解到老子关于"道"和"德"二者之间的关系，也了解到"道""德"与万事万物之间的关系。这一节同样论述的是"道"以"无为"的方式生养了万物的学说，有学者认为，"老子提出'夫莫之命而常自然'的见解，说明万物是在无为自然状态中生长的。'莫之命'，即孟子所说'莫之为而为者天也'的意思。万物的生长，是顺应着客观存在的自然规律而长的，各自适应着自己所处的具体环境而生长的，根本就不可能有所谓主持者加以安排，然后才能生长的。这一点，是老子反对鬼神术数的表现，反对有神论的表现，就万物的生长却需要依据着客观自然界存在的规律来说，老子称之为'道生之'。就客观自然界存在的规律具体运用于物的生长来说，老子称之为'德畜之'。万物生长，既然必须依据自然界的规律，而为自然界的规律的具体运用，所以'万物莫不尊道而贵德'。但万物的尊道贵德，也仅为对自然界的规律的依据与运用，不是另有什么主宰者加以命令与安排的，这种现象，老子认为是无为自然的状态，所以说'夫莫之命而常自然'。"我们同意以上所述观点，因为道之创造万事万物，并不含有什么主观的意识，也不具有任何目的，而且不占据、不主宰，整个过程完全是自然而然的，万事万物的生长、发育、繁衍，完全是处于自然状态下。这就是"道"在作用于人类社会时所体现的"德"的特有精神。显然，这是一种毋庸置疑的无神论思想，它否定了作为世界主宰的神的存在，这在先秦时期的思想界应该说达到了很高的水平。

五十二、天下有始

◎ 我是主持人

本节是继四十七节后再次论述哲学上的认识论问题。老子认为，天下自然万物的生长和发展有一个总的根源，人应该从万物中去追索这个总根源，把握原则。人们认识天下万物但不能离开总根源，不要向外奔逐，否则将会离失自我。在认识活动中，要除去私欲与妄见的蔽障，以真正把握事物的本质及规律。

◎ 原文

天下有始，以为天下母。既得其母，以知其子；既知其子，复守其母，没身不殆。塞其兑，闭其门，终身不勤。开其兑，济其事，终身不救。见小曰明，守柔曰强。用其光，复归其明，无遗身殃；是为袭常。

◎ 注释

始：本始，此处指"道"。

母：根源，此处指"道"。

子：派生物，指由"母"所产生的万物。

塞其兑，闭其门：兑，指口，引申为孔穴。门，指门径。此句意为：塞住嗜欲的孔穴，闭上欲念的门径。

勤：劳作。

开其兑，济其事：打开嗜欲的孔穴，增加纷杂的事件。

见小曰明：小，细微。能察见细微，才叫做"明"。

强：强健，自强不息。

用其光，复归其明：光向外照射，明向内透亮。发光体本身为"明"，照向外物为光。

无遗身殃：不给自己带来麻烦和灾祸。

袭常：袭承常道。

◎ 译文

天地万物本身都有起始，这个始作为天地万物的根源。如果知道根源，就能认识万物，如果认识了万事万物，又把握着万物的根本，那么终身都不会有危险。塞住欲念的孔穴，闭起欲念的门径，终身都不会有烦扰之事。如果打开欲念的孔穴，就会增添纷杂的事件，终身都不可救治。能够察见到细微的，叫做"明"；能够持守柔弱的，叫做"强"。运用其光芒，返照内在的明，不会给自己带来灾难，这就叫做万世不绝的"常道"。

◎ 直播课堂

在本节中，老子又一次使用了"母""子"这对概念。在这里，"母"就是"道"，"子"就是天下万物，因而"母"和"子"的关系，就是道和万物、理论和实际、抽象思维和感性认识、本和末等关系的代名词。张松如认为"所谓既得其母，以知其子；既知其子，复守其母，正是把概念形成的理论证明，当做对具体事物认识的方法了。西周以来，中国已经产生了例如五行说那样原始、自发的唯物论。当老子第一次试图把那种元素化的'物理性形式'推进到更高阶段的理论性的形式时，他的理论形式的唯物主义思想，也因受到了历史与科学条件的限制而表现出某种不成熟性，这种不成熟性，反映到更为复杂的认识论领域中来，就很容易带上一种以'道'观物的特点。这是老子在认识上失足落水的一个重要原因。"（《老子校读》第30页）我们基本上同意这种观点，但又认为老子的确是强调抽象思维，对抽象思维和感性认识的关系讲得不够清楚，这是我们从本节内容中所得知的，不过不能把这一点加以夸大，相反，我们感到，老子对这个问题的论述引用了辩证的方法，他的"知母""知子"的观点是老子哲学思想的精华之一，不仅在春秋末年甚至在以后相当长的一段时期内，其思想水平是许多哲学家所不及的。本节的言外之意在于，世人都好逞聪明，不知收敛内省，这是很危险的事情，他恳切地希望人们不可一味外露，而要内蓄、收敛，就不会给自身带来灾祸。

五十三、使我介然有知

◎ **我是主持人**

　　这一节尖锐地揭露了当时社会的一些矛盾现象。在《道德经》一书中，有几处谈到这个问题。本节描述了社会的黑暗和统治者给人们带来的深重灾难，尤其是统治者凭借权势和武力，对百姓恣意横行，搜刮榨取，终日荒淫奢侈，过着腐朽糜烂的生活，而下层民众却陷于饥饿状况，农田荒芜、仓藏空虚。这种景况，无怪乎老子把统治者叫做"盗夸"。这一节的内容也可以说是给无道的执政者们——暴君所画的像。

◎ **原文**

　　使我介然有知，行于大道，唯施是畏。大道甚夷，而人好径。朝甚除，田甚芜，仓甚虚，服文采，带利剑，厌饮食，财货有余，是谓盗夸。非道也哉！

◎ **注释**

　　我：指有道的圣人。老子在这里托言自己。

　　介然有知：介，微小。微有所知，稍有知识。

　　施：邪、斜行。

　　夷：平坦。

　　人：指人君，一本作"民"。

　　径：邪径。

　　朝甚除：朝政非常败坏。一说宫殿很整洁。

　　厌饮食：厌，饱足、满足、足够。饱得不愿再吃。

　　盗夸：即大盗、盗魁。

◎ 译文

假如我稍微地有了认识，在大道上行走，唯一担心的是害怕走了邪路。大道虽然平坦，但人君却喜欢走邪径。朝政腐败已极，弄得农田荒芜，仓库十分空虚，而人君仍穿着锦绣的衣服，佩带着锋利的宝剑，饱餐精美的饮食，搜刮占有富余的财货，这就叫做强盗头子。这是多么无道啊！

◎ 直播课堂

杨兴顺说："'盗夸'之人过着奢侈生活，而人民却在挨饿。按照老子的学说，这类不正常的情况是不会永远存在下去的，人类社会迟早会回复它自己最初的'天之道'。老子警告那些自私的统治者，他们永远渴望着财货有余，这就给自己伏下极大的危机。'祸莫大于不知足，咎莫大于欲得'（四十六节）。这样，他们违背了'天之道'的法则，而'不道早已'（三十节）。让早已忘却先王的金科玉律的自私的统治者不要这样设想，以为他们的力量是不可摧毁的。这样的日子是会来临的：统治者将因自己的一切恶行而受到惩罚，因为在世界上，'柔弱胜刚强'。老子对于压迫者的炽烈仇恨，对于灾难深重的人民的真挚同情，对于压迫人民、掠夺人民的社会政治制度必然崩溃的深刻信念——这些都是老子社会伦理学说中的主要特点。"站在人民群众的立场上，从社会稳定与发展的角度，抨击当政的暴君为"盗夸"，这是从老子开始到庄子的道家最为可贵的重要观点。在《庄子·胠箧》里，他提出"窃钩者诛，窃国者侯"，这是传统的观点。事实上那些"财货有余"的人才是货真价实的"盗夸"，"圣人不死，大盗不止"，这是从被压迫的劳动者的利益出发而发出的呐喊。从这种观点中，我们也感到老子并不是腐朽的没落的奴隶主贵族利益的代言人，而是真切地表达出了被压迫者的愿望。

五十四、善建者不拔

◎ 我是主持人

本节讲"道"的功用，即"德"给人们带来的益处。本节是四十七节和五十二节的重要补充。例如，四十七节说："不出户，知天下"；五十二节说："即得其母，以知其子；既知其子，复守其母。"要做到这一点，还要做到"塞其兑，闭其门"。那么在本节里，老子讲了修身的原则、方法和作用。他说，修身的原则是立身处世的根基，只有巩固修身之要基，才可以立身、为家、为乡、为天下，这就是"道"。老子认为这是唯一正确的认识方式和途径。

◎ 原文

善建者不拔，善抱者不脱，子孙以祭祀不辍。修之于身，其德乃真；修之于家，其德乃余；修之于乡，其德乃长；修之于邦，其德乃丰；修之于天下，其德乃普。故以身观身，以家观家，以乡观乡，以邦观邦，以天下观天下。吾何以知天下然哉？以此。

◎ 注释

抱：抱住、固定、牢固。

子孙以祭祀不辍：辍，停止、断绝、终止。此句意为：祖祖孙孙都能够遵守"善建""善抱"的道理，后代的香火就不会终止。

长：尊崇。

邦：一本作"国"。

故以身观察，以家观家，以乡观乡：以自身察看观照别人，以自家察看观照别家，以自乡察看观照别乡。

◎ **译文**

　　善于建树的不可能拔除，善于抱持的不可以脱掉，如果子孙能够遵循、守持这个道理，那么祖祖孙孙就不会断绝。把这个道理付诸自身，他的德性就会是真实纯正的；把这个道理付诸自家，他的德性就会是丰盈有余的；把这个道理付诸自乡，他的德性就会受到尊崇；把这个道理付诸自邦，他的德性就会丰盛硕大；把这个道理付诸天下，他的德性就会无限普及。所以，用自身的修身之道来观察别身，以自家察看观照别家，以自乡察看观照别乡，以平天下之道察看观照天下。我怎么会知道天下的情况之所以如此呢？就是因为我用了以上的方法和道理。

◎ **直播课堂**

　　本节说到"以身观身，以家观家，以乡观乡，以邦观邦，以天下观天下"。这一句是从一身讲到天下。读此句，使人不自觉地想起儒家经典之一的《大学》中所讲的"格物、致知、诚意、正心、修身、齐家、治国、平天下"的所谓"八条目"。这也是从一身讲到天下。道家与儒家在修身问题上并不相同，但也不是完全不相同。这相同之处就在于，他们都认为立身处世的根基是修身。庄子也说，"道之真，以治身，其余绪，以为国"。所谓为家为国，应该是充实自我、修持自我以后的自然发展；而儒家则是有目的性地去执行，即一为自然的，一为自持的，这则是儒、道之间的不同点。

五十五、含"德"之厚

◎ **我是主持人**

　　本节讲处世哲学，即"德"在人身上的具体体现。前半部分用的是形象的比喻，后半部分讲的是抽象的道理，老子用赤子来比喻具有深厚修养境界的人，能返回到婴儿般的纯真柔和。"精之至"是形容精神充实饱满的状态，"和之至"是形容心灵凝聚和谐的状态，老子主张用这样的办法就能防止外界的各种伤害和免遭不幸。如果纵欲贪生，使气逞强，就会遭殃，危害自己，也危害别人。

◎ 原文

含德之厚，比于赤子。毒虫不螫，猛兽不据，攫鸟不搏。骨弱筋柔而握固。未知牝牡之合而脧作，精之至也。终日号而不嗄，和之至也。知和曰"常"，知常曰"明"，益生曰祥，心使气曰强。物壮则老，谓之不道，不道早已。

◎ 注释

毒虫：指蛇、蝎、蜂之类的有毒虫子。

螫：毒虫子用毒刺刺人或动物。

据：兽类用爪、足年攫取物品。

攫鸟：用脚爪抓取食物的鸟，例如鹰隼一类的鸟。

搏：鹰隼用爪击物。

脧作：脧，男孩的生殖器。婴孩的生殖器勃起。

嗄：声音嘶哑。

知和曰常：和，指阴阳二气合和的状态。常指事物运作的规律。

益生：纵欲贪生。

祥：这里指妖祥、不祥的意思。

强：逞强、强暴。

壮：强壮。

◎ 译文

道德涵养浑厚的人，就好比初生的婴孩。毒虫不螫他，猛兽不伤害他，凶恶的鸟不搏击他。他的筋骨柔弱，但拳头却握得很牢固。他虽然不知道男女的交合之事，但他的小生殖器却勃然举起，这是因为精气充沛的缘故。他整天啼哭，但嗓子却不会沙哑，这是因为和气纯厚的缘故。认识淳和的道理叫做"常"，知道"常"的叫做"明"。贪生纵欲就会遭殃，

欲念主使精气就叫做逞强。事物过于壮盛了就会变衰老，这就叫不合于"道"，不遵守常道就会很快地死亡。

◎ 直播课堂

　　在本节里，老子用夸张的手法这样写道：把"德"蕴涵在自己的身心里，而且积蓄得十分深厚，就像无知无欲的赤子，毒虫、猛兽、恶禽都不会去伤害他，同时他也不会去伤害禽兽虫豸，所以不会招引兽禽的伤害。他形象地说婴儿的生殖器勃起和大声哭喊，这是他精力旺盛和保持平和之气的缘故。他讲赤子的特点是柔弱不争和精力未散，其核心还是"和"。车载说，老子书谈到"和"字，有三处应予重视，一为"和其光"，一为"冲气以为和"，一为"终日号而不嗄，和之至也"。他以"和光"与"冲气"与"婴儿"来说明"和"，都是在谈统一，都是在谈"混成"的状态。"和光"就"复归其明"说，当光射到了物件的时候，有射到的一面与射不到的另一面，"和其光"是把两者统一起来，回复到"明"的"混成"的状态。"冲气"是万物的开端，万物含有负阴、抱阳的两方面，两者经常是统一的，表现出用之不盈无所不入的作用。婴儿是人的开端，少年、壮年、老年都以之为起点，但婴儿混沌无知，与天地之和合而为一。"和"所表示的统一，包含着对立在内，是有永恒性的，所以说"知和曰常"。（车载《论老子》，第69页）老子承认"万物并作"的世界的多样性和普遍存在的矛盾，对社会上存在的占有、掠夺、欺诈、征战的状况极为悲愤，把统一看成他所要追求、所要恢复的事物的常态。

五十六、知者不言

◎ 我是主持人

　　这一节接续前节，重点讲的也是"和"。"冲气以为和"，是讲事物矛盾着的双方，经过斗争而达到和谐与统一。前一节讲的"知和曰常"，即以和为事物的常态。本节讲怎样可以保持常态的和。这三节之间层层深入，逻辑性极强，向人讲述了"和"的最高道德境界。不过这一节文字蕴涵很深，这就不仅仅是指执政之人，而且也包括人们处世为人的人生哲理。他要求人们要加强自我修养，排除私欲，不露锋芒，超脱纷争，混同尘世，不分亲疏、利害、贵贱，以开豁的心胸与无所偏的心境去对待一切人和物。如此，天下便可以大治了。

◎ 原文

知者不言，言者不知。塞其兑，闭其门；挫其锐，解其纷；和其光，同其尘，是谓玄同。故不可得而亲，不可得而疏；不可得而利，不可得而害；不可得而贵，不可得而贱；故为天下贵。

◎ 注释

知者不言，言者不知：此句是说，知道的人不说，爱说的人不知道。另一种解释是，聪明的人不多说话，到处说长论短的人不聪明。还有一种解释是，得"道"的人不强施号令，一切顺乎自然；强施号令的人却没有得"道"。此处采用第二种解释。

塞其兑，闭其门：塞堵嗜欲的孔窍，关闭起嗜欲的门径。

挫其锐，解其纷；和其光，同其尘：此句意为挫去其锐气，解除其纷扰，平和其光耀，混同其尘世。

玄同：玄妙齐同，此处也是指"道"。

不可得而亲，不可得而疏；不可得而利，不可得而害；不可得而贵，不可得而贱：这几句是说"玄同"的境界已经超出了亲疏、利害、贵贱等世俗的范畴。

◎ 译文

聪明的智者不多说话，而到处说长论短的人就不是聪明的智者。塞堵住嗜欲的孔窍，关闭住嗜欲的门径。不露锋芒，消解纷争，挫去人们的锋芒，解脱他们的纷争，收敛他们的光耀，混同他们的尘世，这就是深奥的玄同。达到"玄同"境界的人，已经超脱亲疏、利害、贵贱的世俗范围，所以就为天下人所尊重。

◎ **直播课堂**

在老子看来，得"道"的圣人，即修养成理想人格的人，能够"挫锐""解纷""和光""同尘"，这就达到了"玄同"的最高境界。对此，车载评论说："锐、纷、光、尘就对立说，挫锐、解纷、和光，同尘就统一说。尖锐的东西是容易断折不能长保的，把尖锐的东西磨去了，可以避免断折的危险。各人从片面的观点出发，坚持着自己的意见，以排斥别人的意见，因而是非纷纭，无所适从，解纷的办法，在于要大家从全面来看问题，放弃了片面的意见。凡是阳光照射到的地方，必然有照射不到的阴暗的一面存在，只看到了照射着的一面，忽略了照射不着的一面，是不算真正懂得光的道理的，只有把'负阴''抱阳'的两面情况都统一地加以掌握了，然后才能懂得'用其光，复归其明'的道理。宇宙间到处充满着灰尘，人世间纷繁复杂的情况也是如此，超脱尘世的想法与做法是不现实的，众人皆浊我独清的想法与做法是行不通的，这些都是只懂得对立一面的道理，不懂得统一一面的道理。只有化除成见、没有私心的人，才能对于好的方面，不加阻碍地让它尽量发挥作用，对不好的方面，也能因势利导，善于帮助它发挥应有的作用，'同其尘'，是对立的统一道理的较高运用。"（《论老子》）

五十七、以正治国

◎ **我是主持人**

在前面几节老子已将天道自然的思想，推之于人道，提出了"无为而治"的思想。在本节里，老子以"天下多忌讳，而民弥贫；人多利器，国家滋昏；人多伎巧，奇物滋起；法令滋彰，盗贼多有"反证应以"无事取天下"，皆未托"圣人"之言，长言无为之治，节法井然。老子生活的时代，社会动乱不安，严峻的现实使他感到统治者依仗权势、武力、肆意横行，为所欲为，造成天下"民弥贫""国家滋昏""盗贼多有"的混乱局面。所以老子提出了"无为""无静""无事""无欲"的治国方案。他的政治主张在当时不可能被执政者所接受，也绝对没有实现的可能性。总之，这一节是他对"无为"的社会政治观点的概括，充满了脱离实际的幻想成分。但这对于头脑清醒的统治者为政治民，是会有益处的。

◎ 原文

以正治国，以奇用兵，以无事取天下。吾何以知其然哉？以此：天下多忌讳，而民弥贫；人多利器，国家滋昏；人多伎巧，奇物滋起；法令滋彰，盗贼多有。故圣人云："我无为，而民自化；我好静，而民自正；我无事，而民自富；我无欲，而民自朴。"

◎ 注释

正：此处指无为、清静之道。

奇：奇巧、诡秘。

取天下：治理天下。

以此：此，指下面一段文字。以此即以下面这段话为根据。

忌讳：禁忌、避讳。

人：一本作"民"，一本作"朝"。

利器：锐利的武器。

人多伎巧：伎巧，指技巧，智巧。此句意为人们的技巧很多。

奇物：邪事、奇事。

我无为，而民自化：自化，自我化育。我无为而人民就自然顺化了。

◎ 译文

以无为、清静之道去治理国家，以奇巧、诡秘的办法去用兵，以不扰害人民而治理天下。我怎么知道是这种情形呢？根据就在于此：天下的禁忌越多，而老百姓就越陷于贫穷；人民的锐利武器越多，国家就越陷于混乱；人们的技巧越多，邪风怪事就越闹得厉害；法令越是森严，盗贼就越是不断地增加。所以有道的圣人说，我无为，人民就自我化育；我好静，人民就自然富足；我无欲，而人民就自然淳朴。

◎ 直播课堂

先说"以奇用兵"。《道德经》不是兵书，但其中不排除有关于军事方面的内容，这是我们在前面几节里已经说到的问题。例如本节讲"以奇用兵"，实际上讲的是军事问题。在老子的观念中，用兵是一种诡秘、奇诈的行为，因而在用兵时就要注意想奇法、设奇计、出奇谋，只有这样才能做到出奇制胜。这表明，老子的用兵之计与治国安邦有截然的区别，即用兵要奇，治国要正。"以奇用兵"实际就是要变幻莫测、神出鬼没。战争是一种不正常的现象，是国家政治无法正常运转时不得已而采取的下策。老子反对战争，但战争却不可避免。因此，老子在《道德经》里就不能不提出自己的见解。这个"以奇用兵"之计，不是为昏君、暴君出谋划策，而是为弱者、为正义之师设想的。

再说第二层意思。老子说"天下多忌讳，而民弥贫；人多利器，国家滋昏；人多伎巧，奇物滋起；法令滋彰，盗贼多有。"这是老子对国计民生的具体思考。胡寄窗写道："老子把工艺技巧认定为社会祸乱的原因，他们要求废除工艺技巧，甚至认为盗贼之产生也是由于工艺技巧的关系"，"可见他们对工艺技巧的深恶痛绝。坚决反对工艺技巧是道家经济思想的特点。初期儒家并不根本反对工艺之事，只不赞成儒者从事工艺，甚至有时还承认工艺的重要作用。墨家之推重工艺自不必说。战国后期的儒法各学派，虽鄙视工艺，但尚肯定工艺之社会作用。只有道家才错误地把工艺看作是社会祸乱的根源。""老子反对工艺技巧的这一观点，非常奇特，与战国各学派以及战国以后各封建时期的思想都迥然不同。这一观点本身不仅是消极落后，而且是反动的。"(《中国经济思想史》上)这种分析虽有其道理，但我们感到还有一些问题需要再作分辨。老子重视"无为"，重视"质朴"，重视"勤俭"，他反对工商的观点有其指导思想的原因，也有其他方面的原因。客观地讲，老子并不是笼统地、绝对地反对工商，他主要反对的是统治者借工商积敛财货，过奢侈豪华、醉生梦死的荒淫生活，并不反对老百姓求富，因为在本节中，老子说"我无事，而民自富"。这是很重要的一个证据。笼统地讲老子反对工商业的发展，恐怕还要再找一些论据。

五十八、其政闷闷

◎ 我是主持人

前面几节论述"德"在政治、社会、人生方面的体现，本节讲的是政治、社会、人生方面的辩证法。本节里提到"祸兮，福之所倚；福兮，祸之所伏"，对于此句将在本节评析中详细论及。对于此节的研究，有的学者认为各段落之间的文义不一致，不连贯，可能有错简的情况。我们这里仍依据原文引述，未做文字方面的调整。

◎ 原文

其政闷闷，其民淳淳；其政察察，其民缺缺。祸兮，福之所倚；福兮，祸之所伏。孰知其极：其无正也。正复为奇，善复为妖。人之迷，其日固久。是以圣人方而不割，廉而不刿，直而不肆，光而不耀。

◎ 注释

闷闷：昏昏昧昧的状态，有宽厚的意思。

淳淳：一本作"沌沌"，淳朴厚道的意思。

察察：严厉、苛刻。

缺缺：狡黠、抱怨、不满足之意。

其无正也：其，指福、祸变换。正，标准、确定。此句意为：它们并没有确定的标准。

正复为奇，善复为妖：正，方正、端正。奇，反常、邪。善，善良；妖，邪恶。这句话意为：正的变为邪的，善的变成恶的。

人之迷，其日固久：人的迷惑于祸、福之门，而不知其循环相生之理者，其为时日必已久矣。

方而不割：方正而不割伤人。
廉而不刿：廉，锐利。刿，割伤。此句意为：锐利而不伤害人。
直而不肆：直率而不放肆。
光而不耀：光亮而不刺眼。

◎ 译文

政治宽厚清明，人民就淳朴忠诚；政治苛酷黑暗，人民就狡黠、抱怨。灾祸啊，幸福依傍在它的里面；幸福啊，灾祸藏伏在它的里面。谁能知道究竟是灾祸呢还是幸福呢？它们并没有确定的标准。正忽然转变为邪的，善忽然转变为恶的，人们的迷惑，由来已久了。因此，有道的圣人方正而不生硬，有棱角而不伤害人，直率而不放肆，光亮而不刺眼。

◎ 直播课堂

老子在本节里提出的"祸兮，福之所倚；福兮，祸之所伏"一句，自古及今是极为著名的哲学命题，往往被学者们征引来用以说明老子的辩证法思想。冯友兰在分析此句时这样说："老子哲学中的辩证法思想是春秋战国时期社会的剧烈的变革在人们思想中的反映。在中国哲学史中，从《周易》以降，即有辩证法的思想，但用一般的规律的形式把它表达出来，这还是老子的贡献。但是，老子还没有把客观辩证法作为自然界和社会中的最一般的规律提出来。除此之外，老子的辩证法思想还有很多严重的缺点，对形而上学思想作了很大的让步。第一，老子虽然认识到宇宙间的事物都在运动变化之中，但是认为这些运动变化，基本上是循环的，不是上升和前进的过程。它所谓'周行'，就有循环的意义。第二，关于运动和静止，是哲学中重要问题，'动'与'静'也是中国哲学中的重要范畴。老子承认事物经常在变化之中，但是他也说，'万物芸芸，各复归其根，归根曰静'（十六节）。万物的'根'是道，'归根曰静'。他认为'道'也有其'静'的一方面；而且专就这一句话说，'静'又是主要的。因此，他在实践中特别强调清静无为，认为'重为轻根，静为躁君'（二十六节），'牝常以静胜牡，以静为下'（六十一节），实际上表示对事物变化运动的厌弃。第三，对立面必须在一定的条件下，才互相转化，不具备一定的条件，是不能转化的。祸可以转化为福，福也可以转化为祸，但都是在一定的条件下才是如此，例如主观的努力或不努力等，都是条件。照老子所讲的，好像不必有主观的努力，祸自动也可以转化为福；虽然有主观的努力，福也必然转化为祸。这是不合事实的。老子的这种思想，也是没落奴隶主阶级的意识的表现。他们失去了过去的一切，自以为是处在祸中，但又无力反抗，只希望它自动地会转化为福。老子认为对立面既然互相转化，因此就很难确定哪一方面是正，哪一方面是负。这样的'其无正'的思想，就对相对主义开了一个大门。后来庄子即由此落入相对主义。"（《中国哲学史新编》第7页）老子的辩证法思想是非常重要的，冯友兰先生的批评十分中肯，指出了其中的要害问题，但我们的看法又与冯先生略有不同。我们感到，老子的辩证法已经具备了矛盾对立统一的规律的性质，相反的东西可以相成，同时，他又知道相反的东西可以互相转化，这种观察事物、认识的事物辩证方法，是老子哲学上的最大贡献。

五十九、治人事天

◎ 我是主持人

本节讲治国与养生的原则和方法。从文字上看，老子讲了与别人不同的这样一个道理，他把吝啬当做人修身养性的重要美德加以颂扬，而不是专指财物的爱惜。老子认为，吝啬就是在精神上注意积蓄、养护、厚藏根基，培植力量。真正做到精神上的"啬"，只有积累雄厚的德，有了德，也就接近了道，这就与圣人治国联系到一起了。这里，把"啬"解释为节俭也可以，因为就老子而言，他十分重视"俭"德，这也是道家一贯的思想特征。

◎ 原文

治人事天，莫若啬。夫唯啬，是谓早服；早服谓之重积德；重积德则无不克；无不克则莫知其极，莫知其极，可以有国；有国之母，可以长久。是谓根深固柢，长生久视之道。

◎ 注释

治人事天：治人，治理百姓。事天，保守精气、养护身心。对"天"的解释有两种，一是指身心，一是指自然。此句意为保养天赋。

啬：爱惜、保养。

早服：早为准备。

重积德：不断地积德。

有国：含有保国的意思。

母：根本、原则。

长生久视：长久地维持、长久存在。

◎ 译文

治理百姓和养护身心，没有比爱惜精神更为重要的了。爱惜精神，得以能够做到早作准备；早作准备，就是不断地积"德"；不断地积"德"，就没有什么不能攻克的；没有什么不能攻克，那就无法估量他的力量；具备了这种无法估量的力量，就可以担负治理国家的重任。有了治理国家的原则和道理，国家就可以长久维持。国运长久，就叫做根深蒂固，符合长久维持之道。

◎ 直播课堂

首先谈"治人事天，莫若啬"。上面提到，"啬"可以解释为治国安邦的根本原则，同时也可以解释为节俭的美德。老子提出"啬"这个观念，这在春秋末年的思想界是很独特的。老子把"俭"当做"三宝"之一，他说："我有三宝，持而保之：一曰慈，二曰俭，三曰不敢为天下先。"他认为，要"俭"才可以进一步扩大生活的范围，否则必死矣。张松如说："啬者，亦俭也。啬就是留有余地；留有余地，才能早为之备；早为之备，才能在事物即将发生之顷及时予以解决；在事物即将发生之顷及时予以解决，才能广有蓄积；广有蓄积，自然就战无不胜攻无不克；战无不胜攻无不克，自然就具有了无穷的力量。老子认为大而维持国家的统治，小而维持生命的长久，都离不开'啬'这条原则，都要从'啬'这条原则做起。所以说它是'长生久视之道也'。啬与俭当然符合'无为而无不为'的思想；不过，如果强调它是一种消极、退守的政治倾向，就未免只从表面形式上看问题，不见得是看到了它的精神实质。"（《老子校读》第33页）

六十、治大国，若烹小鲜

◎ **我是主持人**

本节讲的是治国的道理，"治大国，若烹小鲜"是老子所说的一句传颂很广的名言。这是个比喻，"烹小鲜"就是煎烹小鱼。这是用烹鱼比治国。小鱼很鲜嫩，用刀乱切或在锅里频频搅动，肉就碎了。国家的统治者治理国家，要像煎小鱼那样，不要常常翻弄。此外，老子是无神论者，他并不相信鬼神，但这一节一再讲到鬼神，这里是说，鬼神都不伤害人，治理国家的统治者，就更不能够伤害、烦扰人民了。并不表明老子是有神论者。

◎ **原文**

治大国，若烹小鲜，以道莅天下，其鬼不神。非其鬼不神，其神不伤人。非其神不伤人，圣人亦不伤人。夫两不相伤，故德交归焉。

◎ **注释**

小鲜：小鱼。

莅：临。

其鬼不神：鬼不起作用。

非：不唯、不仅。

两不相伤：鬼神和圣人不侵越人。

故德交归焉：让人民享受德的恩泽。

◎ **译文**

治理大国，好像煎烹小鱼。用"道"治理天下，鬼神起不了作用，不是鬼不起作用，而是鬼怪的作用伤不了人。不但鬼的作用伤害不了人，圣人有道也不会伤害人。这样，鬼神和有道的圣人都不伤害人，所以，就可以让人民享受到德的恩泽。

◎ **直播课堂**

"治大国，若烹小鲜"。这句话流传极广，深刻影响了中国几千年的政治家们。车载说："这一段话就治国为政说，从'无为而治'的道理里面，提出无神论倾向的见解。无为而治的思想，是老子书无为的主张在政治上的运用。老子书很看重'无为'，提出'为无为'，提出'无为而无不为'，反复说明这个道理，多方运用这个道理，这是它的'道法自然'的见解的发挥。它把这个道理运用在治国为政一方面，主张'处无为之事，行不言之教'，当'民忘于治，若鱼忘于水'，就不需要再用宗教来辅助政治而谋之于鬼，于是鬼神无灵了。鬼神不再有任何作为，是为政的人'无为'的结果，符合于'道法自然'的无为的规律。这是它提出无神论倾向的一个方面。"的确如此，这句话喻示着为政的关键所在，在于安静无为，不扰害百姓，否则，灾祸就要来临。要保证国家的平安，执政者就必须小心谨慎，认真严肃，不能以主观意志随意左右国家政治，这句话用极其形象、简洁的语言概括了这个极其复杂的治国谋略。如果以个人的主观愿望去改变社会，朝令夕改、朝三暮四、忽左忽右，老百姓就会无所适从，国家就会动乱不安。相反，如果国家制定的政策法令能够得到坚定不移地贯彻执行，就会收到富国强兵之效。如此，则一切外在的力量，都不致发生祸难的作用。

六十一、大邦者下流

◎ **我是主持人**

本节是老子针对当时兼并战争带来的痛苦，讲到如何处理好大国与小国之间的关系，表达了老子治国和国与国关系的政治主张。在老子看来，国与国之间能否和平相处，关键在于大国，所以一再提出大国要谦下，不可以强大而凌辱、欺压、侵略小国。这节中仍有社会政治的辩证法思想。大国应该像江海，谦居下流，天下才能交归。大国还应像娴静的雌性，以静自处下位，而胜雄性。这里的国，是指大大小小的诸侯国。本节文字浅显，易于读懂。

◎ 原文

大邦者下流，天下之牝，天下之交也。牝常以静胜牡，以静为下。故大邦以下小邦，则取小邦；小邦以下大邦，则取大邦。故或下以取，或下而取。大邦不过欲兼畜人，小邦不过欲入事人。夫两者各得所欲，大者宜为下。

◎ 注释

邦：一本作国。

天下之牝，天下之交也：一本作天下之交，天下之牝也。交，会集、会总。

或下而取：下，谦下。取，借为聚。

兼畜人：把人聚在一起加以养护。

◎ 译文

大国要像居于江河下游那样，使天下百川河流交汇在这里，处在天下雌柔的位置。雌柔常以安静守定而胜过雄强，这是因为它居于柔下的缘故。所以，大国对小国谦下忍让，就可以取得小国的信任和依赖；小国对大国谦下忍让，就可以见容于大国。所以，或者大国对小国谦让而取得大国的信任，或者小国对大国谦让而见容于大国。大国不要过分想统治小国，小国不要过分想顺从大国，两方面各得所欲求的，大国特别应该谦下忍让。

◎ 直播课堂

春秋末期，诸侯国林立，大国争霸，小国自保，战争接连不断地发生，给人们的生活带来极大灾难。任继愈说："这里老子讲的大国领导小国，小国奉承大国，是希望小国大国维持春秋时期的情况，不要改变。他希望社会永远停留在分散割据状态。这是和历史发展的方向背道而驰的。"（《老子新译》）任继愈先生这样分析，自然有其道理。因为老子学说的主要内容之一，就是小国寡民。国与国之间相安无事，和平相处。然而，深入一步研究这个问题，我们感到老子还有另外一种考虑。古今中外，人类社会能否得到安宁与和平，往往由大国、强国的国策所决定。大国、强国的欲望不过是要兼并和畜养小国、弱国；而小国、弱国的愿望，则是为了与大国修好和共处。在这两者的关系中，最主要的一方便是大国、强国。本节在开头和结语一再强调大国应该谦下包容，不可自恃强大而凌越弱小。只有这样，才可以赢得小国的信服。从此看来，老子的用心又是符合百姓们的愿望。

第六章
清静无为，报怨以德

对于人们来讲，"无为"和"无不为"无论工作还是求学，都是不移的至理。这也是一种朴素辩证法的方法论，暗含着对立统一的法则，隐含着由量变到质变的飞跃的法则。同时，我们也看到，本章的"无为"并不是讲人们无所作为，而是以"无为"求得"无不为"，老子说"是以圣人终不为大，故能成其大"。这正是从方法论上说明了老子的确是主张以无为而有所作为的。

六十二、道者万物之奥

◎ 我是主持人

本节再一次宣扬"道"的好处和作用。老子认为,清静无为的"道",不但是善良之人的法宝,就是不善的人也必须保有它。所以有人认为,这一节的新意就在于指出世人在"道"面前应该一律平等。"道"保护善人,但也不抛弃不善人,它有求必应,有过必除。这是"道"的可贵之处。如果说在上一节,老子强调统一即"和"的思想在国与国之间关系上的运用,这一节则是在人际关系上的运用。本节的目的,在于晓谕人君行"无为"之政。

◎ 原文

道者万物之奥,善人之宝,不善人之所保。美言可以市尊,美行可以加人。人之不善,何弃之有?故立天子,置三公,虽有拱璧以先驷马,不如坐进此道。古之所以贵此道者何?不曰:求以得,有罪以免邪?故为天下贵。

◎ 注释

奥:一说为深的意思,不被人看见的地方;另一说是藏,含有庇荫之意。其实两说比较接近,不必仅执其一。

不善人之所保:不善之人也要保持它。

美言可以市尊:美好的言辞,可以换来别人对你的敬仰。

美行可以加人:良好的行为,可以见重于人。

三公:太师、太傅、太保。

拱璧以先驷马:拱璧,指双手捧着贵重的玉。驷马,四匹马驾的车。

古代的献礼,轻物在先,重物在后。

坐进此道:献上清静无为的道。

求以得:有求就得到。

有罪以免邪:有罪的人得到"道",可以免去罪过。

◎ 译文

"道"是荫庇万物之所,善良之人珍贵它,不善的人也要保持它。需要的时候还要求它庇护。美好的言辞可以换来别人对你的尊重;良好的行为可以见重于人。不善的人怎能舍弃它呢?所以在天子即位、设置三公的时候,虽然有拱璧在先驷马在后的献礼仪式,还不如把这个"道"进献给他们。自古以来,人们所以把"道"看得这样宝贵,不正是由于求它庇护一定可以得到满足;犯了罪过,也可得到它的宽恕吗?就因为这个,天下人才如此珍视"道"。

◎ 直播课堂

"道"是天地间最可宝贵的。所以可贵就在于"求以得,有罪以免邪?"这就是说,善人化于道,则求善得善,有罪者化于道,则免恶入善。"道"并不仅仅是为善良之人所领悟,不善人并不被道所抛弃,只要他们一心向道,深切体会"道"的精髓要义,即使有罪过也是可以免除的。老子在这里给人们包括有罪之人提供了新的出路,还是很有意义的。这种想法与孔子所言"君子过而能改"的说法是有相近意义的。君子不怕犯错误,只要能认真改正,就不算错误,而且,这只是君子才可以做到的。老子则从主客观两个方面为有错者提供了出路,"道"不嫌弃犯罪之人,肯定会给他改错的机会;而犯罪者本人也必须体道、悟道,领会道的真谛,主客观这两方面的条件缺一不可。

六十三、为无为

◎ 我是主持人

本节旨在阐发"无为而无不为"的道理，也可以说是一种处世哲学。老子讲"为无为，事无事，味无味"的道理。从前几节的内容来看，老子反对以烦琐的禁令去捆住人民的手脚，限制和扰乱百姓的生活，要想有所作为，就必须采取顺应自然的态度，必须以平静的思想和行为对待生活。他提醒人们注意，做任何事情都是从小到大，由少到多，由易到难的。

◎ 原文

为无为，事无事，味无味。图难于其易，为大于其细；天下难事，必作于易；天下大事，必作于细。是以圣人终不为大，故能成其大。夫轻诺必寡信，多易必多难。是以圣人犹难之，故终无难矣。

◎ 注释

为无为，事无事，味无味：此句意为把无为当做为，把无事当做事，把无味当做味。

不为大：是说有道的人不自以为大。

◎ 译文

以无为的态度去有所作为，以不滋事的方法去处理事物，以恬淡无味当做有味。处理问题要从容易的地方入手，实现远大要从细微的地方入手。天下的难事，一定从简易的地方做起；天下的大事，一定从微细的部分开端。因此，有"道"的圣人始终不贪图大贡献，所以才能做成大事。那些轻易发出诺言的，必定很少能够兑现的，把事情看得太容易，势必遭受很多困难。因此，有道的圣人总是看重困难，所以就终于没有困难了。

◎ 直播课堂

　　老子理想中的"圣人"对待天下，都是持"无为"的态度，也就是顺应自然的规律去"为"，所以叫"为无为"。把这个道理推及到人类社会的通常事务，就是要以"无事"的态度去办事。因此，所谓"无事"，就是希望人们从客观实际情况出发，一旦条件成熟，水到渠成，事情也就做成了。这里，老子不主张统治者任凭主观意志发号施令，强制推行什么事。"味无味"是以生活中的常情去比喻，这个比喻是极其形象的，人要知味，必须首先从尝无味开始，把无味当做味，这就是"味无味"。接下来，老子又说，"图难于其易"。这是提醒人们处理艰难的事情，须先从细易处着手。面临着细易的事情，却不可轻心。"难之"，这是一种慎重的态度，缜密的思考、细心而为之。

六十四、其安易持

◎ 我是主持人

　　这一节从内容上讲与前一节相接续，仍然是谈事物发展变化的辩证法。由于与上一节联系起来读，也可以说又返回到"为无为，事无事，味无味"的道理。老子认为，大的事物总是始于小的东西而发展起来的，任何事物的出现，总有自身生成、变化和发展的过程，人们应该了解这个过程，对于在这个过程中事物有可能发生祸患的环节给予特别注意，杜绝它的出现。从"大生于小"的观点出发，老子进一步阐述事物发展变化的规律，说明"合抱之木""九层之台""千里之行"的远大事情，都是从"生于毫末""起于累土""始于足下"为开端的，形象地证明了大的东西无不从细小的东西发展而来的。同时也告诫人们，无论做什么事情，都必须具有坚强的毅力，从小事做起，才可能成就大事业。

◎ 原文

其安易持，其未兆易谋；其脆易泮，其微易散。为之于未有，治之于未乱。合抱之木，生于毫末；九层之台，起于累土；千里之行，始于足下。为者败之，执者失之。是以圣人无为故无败，无执故无失。民之从事，常于几成而败之。慎终如始，则无败事。是以圣人欲不欲，不贵难得之货，学不学，复众人之所过，以辅万物之自然而不敢为。

◎ 注释

其脆易泮：泮，散，解。物品脆弱就容易消解。

毫末：细小的萌芽。

累土：堆土。

为者败之，执者失之：一说是二十九节错简于此。

是以圣人无为故无败，无执故无失：此句仍疑为二十九节错简于本节。

学：这里指办事有错的教训。

而不敢为：此句也疑为错简。

◎ 译文

局面安定时容易保持和维护，事变没有出现迹象时容易图谋；事物脆弱时容易消解；事物细微时容易散失；做事情要在它尚未发生以前就处理妥当；治理国政，要在祸乱没有产生以前就早做准备。合抱的大树，生长于细小的萌芽；九层的高台，筑起于每一堆泥土；千里的远行，是从脚下第一步开始走出来的。有所作为的将会招致失败，有所执着的将会遭受损害。因此圣人无所作为所以也不会招致失败，无所执着所以也不遭受损害。人们做事情，总是在快要成功时失败，所以当事情快要完成的时候，也要像开始时那样慎重，就没有办不成的事情。因此，有道的圣人追求人所不追求的，不稀罕难以得到的货物，学习别人所不学习的，补救众人所经常犯的过错。这样遵循万物的自然本性而不会妄加干预。

◎ 直播课堂

老子依据他对人生的体验和对万物的洞察，指出"民之从事，常于几成而败之。"许多人不能持之以恒，总是在事情快要成功的时候失败了。

出现这种情况的原因是什么？老子认为，主要原因在于将成之时，人们不够谨慎，开始懈怠，没有保持事情初始时的那种热情，缺乏韧性，如果能够做到"慎终如始，则无败事"。老子认为，一个人应发挥智能或技能的最佳状态，只有在心理平静的自然状态下才能做到。总之，在最后关头要像一开始的时候那样谨慎从事，就不会出现失败的事情了。

在本节的第二个部分中，老子运用三个排比句："合抱之木，生于毫末；九层之台，起于累土；千里之行，始于足下。"由此，再看一下荀子《劝学篇》中所写的这几句话："积土成山""积水成渊""不积跬步，无以至千里；不积小流，无以成江海"。可见，他们在思想观点上有某些相同或承继关系，或者说，荀子吸取了老子的这一观点。但接下来的结论，荀子与老子不同，他说"锲而不舍，金石可镂"，人要像蚯蚓那样"用心一也"，虽然"无爪牙之利，筋骨之强"，也要"上食埃土，下饮黄泉"；提出积极进取的主张；而老子则主张"无为""无执"，实际上是让人们依照自然规律办事，树立必胜的信心和坚强的毅力，耐心地一点一滴去完成，稍有松懈，常会造成前功尽弃、功亏一篑的结局。

六十五、古之善为道者

◎ 我是主持人

本节主要讲为政的原则。有一种观点认为，从本节和下一节的内容看，老子这部书的性质，一言以蔽之，是谓"君人南面之术"。也就是说，不外乎为统治阶级出谋划策，而且谋划的都是阴险狡诈之术。对于这种观点，我们不敢苟同，我们的看法将在本节评析中详述。

◎ 原文

古之善为道者，非以明民，将以愚之。民之难治，以其智多。故以智治国，国之贼；不以智治国，国之福。知此两者，亦稽式。常知稽式，是谓玄德。玄德深矣，远矣，与物反矣，然后乃至大顺。

◎ 注释

明民：明，知晓巧诈。意为让人民知晓巧诈。

将以愚之：愚，敦厚、朴实，没有巧诈之心。不是愚弄、蒙昧。此句意为使老百姓无巧诈之心，敦厚朴实、善良忠厚。

智多：智，巧诈、奸诈，而非为智慧、知识。

贼：伤害的意思。

两者：指上文"以智治国，国之贼；不以智治国，国之福"。

稽式：法式、法则，一本作"楷式"。

与物反矣：反，通"返"。此句意为"德"和事物复归于真朴。

大顺：自然。

◎ 译文

古代善于为道的人，不是教导人民知晓智巧伪诈，而是教导人民淳厚朴实。人们之所以难于统治，乃是因为他们使用太多的智巧心机。所以用智巧心机治理国家，就必然会危害国家，不用智巧心机治理国家，才是国家的幸福。了解这两种治国方式的差别，就是一个法则，经常了解这个法则，就叫做"玄德"。玄德又深又远，和具体的事物复归到真朴，然后才能极大地顺乎于自然。

◎ 直播课堂

本节有"非以明民，将以愚之"，"民之难治，以其智多"数句，从文字的表面意思上去看，很容易得出"为统治阶级出谋划策，而且谋划的都是阴险狡诈之术"的结论。自古及后的封建统治者对人民群众实行"愚民政策"，与老子"非以明民，将以愚之"不能说毫无干系，但并不能得出直接的结论。因为就老子的本意来讲，他绝对不是为迎合统治者的需要而提出一套愚民之术的。有的学者说："他是愿人与我同愚，泯除世上一切阶级，做到物我兼我的大平等，这样自可减少人间的许多龃龉纷争。"（张默生《老子》第60页）也有学者认为，老子的愚民思想，后来被法家所吸取，成为越来越荒谬的愚民政策；而且一脉相承下来，要对形成以阿Q

精神和不怒、不争为特点的国民性负责。对于这种论点，我们不能同意。正如陈鼓应所说，"老子认为政治的好坏，常系于统治者的处心和做法。统治者若是真诚朴质，才能导出良好的政风，有良好的政风，社会才能趋于安宁；如果统治者机巧黠猾，就会产生败坏的政风。政风败坏，人们就相互伪诈，彼此贼害，而社会将无宁日了。居于这个观点，所以老子期望统治者导民以'愚'。老子生当乱世，感于世乱的根源莫过于大家攻心斗智，竞相伪饰，因此呼吁人们扬弃世俗价值的纠纷，而返璞归真。老子针对时弊，而作为这种愤世矫枉的言论。"（《老子注译及评价》第35页）对老子"非以明民，将以愚之"的主张，陈鼓应先生有深入切实的评价，这个评价极为中肯。老子希望人们不要被智巧、争夺搞得心迷神乱，不要泯灭原始的质朴、淳厚的人性，要因顺自然，而本节所讲的"愚"，其实就是质朴、自然的另一表述词句。

六十六、江海之所以能为百谷王者

◎ 我是主持人

本节讲的是"不争"的政治哲学。老子通过大国与小国的关系，讲了"大者宜为下"的道理，也讲了"圣人"也要"为下"。他认为，统治者应该处下、居后，这样才能对百姓宽厚、包容，就好像居处于下游的江海可以包容百川之水那样。究竟这一节是否向统治者献计献策呢？我们还是要在本节评析中加以研究。本节开头用江海作比喻，这和三十二节"譬道之在天下，犹川谷之于江海"的意思相同。老子喜欢用江海来比喻人的处下居后，同时也以江海象征人的包容大度。

◎ 原文

江海之所以能为百谷王者，以其善下之，故能为百谷王。是以圣人欲上民，必以言下之；欲先民，必以身后之。是以圣人处上而民不重，处前而民不害。是以天下乐推而不厌。以其不争，故天下莫能与之争。

◎ 注释
百谷王：百川狭谷所归附。
圣人：一本无此二字。
重：累、不堪重负。

◎ 译文
江海所以能够成为百川河流所汇往的地方，乃是由于它善于处在低下的地方，所以能够成为百川之王。因此，圣人要领导人民，必须用言辞对人民表示谦下，要想领导人民，必须把自己的利益放在他们的后面。所以，有道的圣人虽然地位居于人民之上，而人民并不感到负担沉重；居于人民之前，而人民并不感到受害。天下的人民都乐意推戴而不感到厌倦。因为他不与人民相争，所以天下没有人能和他相争。

◎ 直播课堂
如上一节所说，在老子研究中有一些注释家认为，这一节表达了老子的一套利用人民、统治人民的权术。例如，张松如先生说："这是向统治者献言，颇有点像班固所说的'君人南面之术'。"(《老子校读》，第365页) 不过，张先生的观点并不完全等同于有些学者关于老子是为统治者出谋划策的观点，而是认为老子的主张反映了农民小生产者的愿望。他说："'圣人'要想统治人民，就得用言辞对人民表示谦下；要想领导人民，就得把自身放置在人民后面。最后，要做到'居上而民弗重也，居前而民弗害也'。难道这不正是当时处于水深火热的广大农业小生产者的迫切愿望吗？事实上，封建统治者当中谁个能做到这一点呢？以不争争，以无为为，这是合乎辩证法的，这也是农业小生产者的经济特点及其阶级利益决定的一种社会思想。当然，他只能把这种思想作为建议进献给他所理想中的体'道'的'圣人'。为什么一定会是这样呢？因为'他们不能代表自己，一定要别人来代表他们。他们的代表一定要同时是他们的主宰，是高高站在他们上面的权威，是不受限制的政府权力，这种权力保护他们不受其他阶级侵犯，并从上面赐给我们雨水和阳光。'从来的农民阶级都是皇权主义者，这在他们刚刚走上历史舞台的古时，更是如此。天真幻想诚有之，贬曰滑头，作为阴险，未免过界了吧。"（同上）对于张松如先生的这番论述，我们基本上表示赞同。如果说老子是在为统治者献计献策，那也是站在劳动者的立场上，是为国家和百姓的利益而呐喊。这种立场和观点，我们感到与孔孟和儒家所讲的"君末民本"的思想或多或少有些相似或相近的地方，因为"君末民本"的仍是在为封建统治者做长远打算。然而这种主张在今天的学术研究中已基本得到学者们的肯定，那么我们觉得老子的这些主张，是不是也应当得到肯定呢？我们想，答案应当是肯定的。

六十七、天下皆谓我道大

◎ 我是主持人

这一节是"道"的自述，讲的是"道"的原则在政治、军事方面的具体运用。老子说，"道"的原则有三条（即三宝），这就是："慈"，即爱心加上同情感；"俭"，即含藏培蓄，不奢侈，不肆为；"不敢为天下先"，是"谦让""不争"的思想。有"道"的人运用这三条原则，能取得非常好的效果，否则，便会自取灭亡。本节实际是对《德经》三十八节以来的一个小结。

◎ 原文

天下皆谓我道大，似不肖。夫唯大，故似不肖。若肖，久矣其细也夫！我有三宝，持而保之：一曰慈，二曰俭，三曰不敢为天下先。慈故能勇；俭故能广；不敢为天下先，故能成器长。今舍慈且勇；舍俭且广；舍后且先；死矣！夫慈，以战则胜，以守则固。天将救之，以慈卫之。

◎ 注释

我道大：道即我，我即道。"我"不是老子用作自称之词。

似不肖：肖，相似之意。意为不像具体的事物。一说，没有任何东西和我相似。

若肖，久矣其细也夫：以上这一段，有学者认为是它节错简。

三宝：三件法宝，或三条原则。

俭：啬，保守，有而不尽用。

慈故能勇：仁慈所以能勇武。

俭故能广：俭啬所以能大方。

器长：器，指万物。万物的首长。

且：取。

以战则胜：一本作"以阵则亡"。

◎ 译文

天下人能说"我道"伟大，不像任何具体事物的样子。正因为它伟大，所以才不像任何具体的事物。如果它像任何一个具体的事物，那么"道"也就显得很渺小了。我有三件法宝执守而且保全它：第一件叫做慈爱；第二件叫做俭啬；第三件是不敢居于天下人的前面。有了这柔慈，所以能勇武；有了俭啬，所以能大方；不敢居于天下人之先，所以能成为万物的首长。现在丢弃了柔慈而追求勇武；丢弃了啬俭而追求大方；舍弃退让而求争先，结果是走向死亡。慈爱，用来征战，就能够胜利，用来守卫就能巩固。天要援助谁，就用柔慈来保护他。

◎ 直播课堂

本节包括两层内容：一是讲"道"的伟大；二是讲法宝的妙用。这两层次前后呼应，有内在联系。例如，第一句和第二句说，天下人都说我道伟大，不像任何具体事物的样子，……我这个伟大的"道"有什么护身的法宝呢？这就是"慈""俭""不敢为天下先"。这难道不是两层意思的内在联系吗？"慈"，包含有柔和、爱惜之意。"弱者道之用"；"天下之至柔，驰骋天下之至坚"，"守柔曰强"；"清静为天下正"，"和"，"牝常以静胜牡"等内容，都可以包括在"慈"的范围之内。"无为"是老子政治思想的最高概括，而"慈"的另一个名词则是"无为"。"慈"是三宝的首要原则，用慈进攻可以得胜，退守则可以坚固。如果上天要救护谁，就用慈来保卫他。

"俭"的内涵有二层，一是节俭、吝惜；二是收敛、克制。五十九节讲"治人事天，莫若啬"，与这里的"俭"是相同的含义。俭即是啬。他要求人们不仅要节约人力物力，还要聚敛精神，积蓄能量，等待时机。"不敢为天下先"，也有二层含义，一是不争，谦让；二是退守、居下。"大邦者下流"；江海"善下"，都指不为天下先的意思。这符合于"道"的原则。总之，"慈""俭""不敢为天下先"等"三宝"，是老子对于"道"和"德"的社会实践意义上的总结。老子身处战乱，目击了太多的暴力残酷场面，深深地感觉到治国安邦离不开这三宝，因而才极力加以阐扬。

六十八、善为士者，不武

◎ 我是主持人

这一节是专从用兵的意义上讲战略战术的原则。其中心意思在于阐明上一节所讲"夫慈，以战则胜，以守则固"的道理。他要求人们不逞勇武，不轻易激怒，避免与人正面冲突，充分发挥人的才智能力，善于利用别人的力量，以不争达到争的目的。老子认为，这是符合于天道的，是古老的准则。

◎ 原文

善为士者，不武；善战者，不怒；善胜敌者，不与；善用人者，为之下。是谓不争之德，是谓用人之力，是谓配天古之极。

◎ 注释

善为士者：士，即武士，这里作将帅讲。此句意为善作将帅的人。

不与：意为不争，不正面冲突。

配天古之极：符合自然的道理。一说"古"字是衍文。

◎ 译文

善于带兵打仗的将帅，不逞其勇武；善于打仗的人，不轻易激怒；善于胜敌的人，不与敌人正面冲突；善于用人的人，对人表示谦下。这叫做不与人争的品德，这叫做运用别人的能力，这叫做符合自然的道理。

◎ 直播课堂

本节的文字讲用兵作战的道理，认为《道德经》是一部兵书的学者，往往以此为论据。我们的意见是，老子就军事现象，为其辩证法思想提供论据。事实上，军事辩证法本身就是一门深奥的学问。或者说，本节内容既是讲用兵打仗，又是讲辩证法的道理，这样理解，也无不可。但说到底，认为《道德经》是一部兵书，那就极大曲解了它的内涵。下面，我们谈谈"善战者，不怒"的问题。《孙子兵法·火攻》写道："主不可以怒而兴师，将不可以愠而致战。"这是说，国君不能因一时之愤怒而发动战争；将帅不能因一时之气愤而出阵开仗。这一军事思想与老子在本节里所讲的内容是基本一致的。战争是国力、人力的较量，也是智慧的较量。"武""怒"是军事指挥者暴烈、失去理智的表现。一旦"怒"上心头，就会失去冷静，也就不能客观地分析、研究敌我双方的优与劣，而以主观臆断和愤怒的情绪代替客观实际，这种状况将给国家和军队，带来极大危害和灾难。这样的事例在古今中外的战争史上比比皆是。军事上如此，人生亦然。遇事不急躁、不冲动，平心静气地认真思考，细心分辨客观现象，就可找到问题的症结，从而得出正确的解决方法。

六十九、用兵有言

◎ 我是主持人

本节仍是从军事学的角度，谈以退为进的处世哲学。老子认为，战争应以守为主，以守而取胜，表现了老子反对战争的思想，同时也表明老子处世哲学中的退守、居下原则。这一节讲到"哀兵必胜，骄兵必败"的道理，成为千古兵家的军事名言。本节和前两节是相应的，都是在阐明哀、慈、柔的道理，以明不争之德。

◎ 原文

用兵有言："吾不敢为主，而为客；不敢进寸，而退尺。"是谓行无行；攘无臂；扔无敌；执无兵。祸莫大于轻敌，轻敌几丧吾宝。故抗兵相若，哀者胜矣。

◎ 注释

为主：主动进攻，进犯敌人。

为客：被动退守，不得已而应敌。

行无行：行，行列，阵势。此句意为：虽然有阵势，却像没有阵势可摆。

攘无臂：意为虽然要奋臂，却像没有臂膀可举一样。

扔无敌：意为虽然面临敌人，却像没有敌人可赴。

执无兵：兵，兵器。意为：虽然有兵器，却像没有兵器可执。

抗兵相若：意为两军相当。

哀：悯、慈。

◎ 译文

用兵的人曾经这样说，"我不敢主动进犯，而采取守势；不敢前进一寸，而宁可后退一尺。"这就叫做虽然有阵势，却像没有阵势可摆一样；虽然要奋臂，却像没有臂膀可举一样；虽然面临敌人，却像没有敌人可打一样；虽然有兵器，却像没有兵器可以执握一样。祸患再没有比轻敌更大的了，轻敌几乎丧失了我的"三宝"。所以，两军实力相当的时候，悲痛的一方可以获得胜利。

◎ 直播课堂

焦宏《老子翼》引吕吉甫曰："道之动常在于迫，而能以不争胜。其施之于用兵之际，宜若有所不行者也。而用兵者有言：吾不敢为主而为客，不敢进寸而退尺，则虽兵犹迫而后动，而胜之以不争也，而况其他乎。何则？主逆而客顺，主劳而客逸，进骄而退卑，进躁而退静。以顺待逆，以逸待劳，以卑待骄，进骄而退卑，进躁而退静。以顺待逆，以逸待劳，以卑待骄，以静待躁，皆非所敌也。所以尔者，道之为常出于无为，故其动常出于迫，而其胜常以不争，虽兵亦由是故也。诚知为常出于无为，则吾之常无行，其攘常无臂，其仍常无敌，其执常无兵，安往而不胜哉？苟为不能出于无为，知主而不知客，知进而不知退，是之谓轻敌，轻敌则吾之所谓三宝保而论之者，和于丧矣。故曰祸莫大于轻敌，轻敌几丧吾宝，夫唯以不争为胜者，则未有能胜之者也。故曰：抗兵相加，哀者胜矣。"张松如认为，"今人或谓老子以退为进的方针，在军事方面，则表现为以守为主，以守取胜的主张。这条总的作战原则是不对的，但老子提出的不可轻敌和双方兵力差不多相等的条件下，悲愤的一方将获胜等见解，还有它合理的地方。"（《老子校读》第380页）唐朝王真注老的《道德经论兵要义述》中说，"五千之言"的《老子》"未尝有一节不属意于兵也"。此论断有些不切实际。从本节内容看，老子是反战的。他认为，如果是被迫卷入战争，就应该采取完全的守势，这是他把谦退忍让、无为静柔的哲学思想，通过军事再次表述出来，而老子并不是兵家，并不是就军事论军事。这在前面我们已经多次提到，兹不赘述。

七十、吾言甚易知

◎ 我是主持人

本节流露出老子对当时的统治者失望的情绪。他提出的一系列政治主张，很容易理解、很容易实行，却没有任何人理解和实行。看来，他的那一套治天下的理想，只有他幻想中的"圣人"才能实现，在现实中是无法实现的。他不了解，任何治国方案，都必须适应统治阶层的利益，否则，他们是不会采纳，不会去实行的。于是，老子就有了这一篇感慨之论。本节是专对掌权者而言的，不是对一般人说的。文中的"我""吾"等词，可谓之"道"的人格化。

◎ 原文

吾言甚易知，甚易行。天下莫能知，莫能行。言有宗，事有君，夫唯无知，是以不我知。知我者希，则我者贵。是以圣人被褐而怀玉。

◎ 注释

言有宗：言论有一定的主旨。

事有君：办事有一定的根据。一本"君"作"主"。"君"指有所本。

无知：指别人不理解。一说指自己无知。

则：法则。此处用作动词，意为效法。

被：穿着。

褐：粗布。

怀玉：玉，美玉，此处引申为知识和才能。"怀玉"意为怀揣着知识和才能。

◎ 译文

我的话很容易理解，很容易施行。但是天下竟没有谁能理解，没有谁能实行。言论有主旨，行事有根据。正由于人们不理解这个道理，因此才不理解我。能理解我的人很少，那么能取法于我的人就更难得了。因此有道的圣人总是穿着粗布衣服，怀里揣着美玉。

◎ 直播课堂

在前面的各节里，老子谈了自己的政治理想和政治学说，例如静、柔、俭、慈、无为、不争等，这些都是合乎于道、本于自然的主张。在社会生活当中应当是容易被人们所理解、易于被人们所实行。然而，人们却拘泥于名利，急于躁进，违背了无为的原则。老子试图对人们的思想和行为进行探索，对于万事万物作出根本的认识和注解，他以浅显的文字讲述了深奥的道理，正如身着粗衣而怀揣美玉一般。但不能被人们理解，更不被人们实行，因而他感叹道："知我者希。"对此，任继愈先生说："他自以为很高明，颇有怀才不遇、曲高和寡的苦闷。其实他唱出的是没落阶级的挽歌。并不是人们不了解他。而是历史抛弃了他。"（《老子新译》）张松如先生不同意这样的观点。他说，"历史却并没有冷落了他。单说先秦时期吧：相传春秋时的叔向、墨翟，战国时的魏武侯、颜触，都曾称引过他的话；庄子则颂扬他'古之博大真人哉！'（《庄子·天下篇》）以宋研、尹文为代表的稷下学人又继承了老子而发展为黄老学派；至于韩非，更有《解老》、《喻老》之作。降至秦后，西汉初年，黄老之学一度居于统治地位。司马谈《论六家之要旨》，实突出道家，而司马迁《史记》并特为立传。演至东汉，甚至神化为道教的始祖了。凡此一切，总不能说是'历史抛弃了他'吧。"（《老子校读》，第385—386页）我们感到任、张二位先生在对这个问题的讨论中有不同的标准。比如，怎样才算是被历史抛弃了的问题。任继愈先生的意思是，老子在他所生活的那个时代，他提出的政治主张不被人们理解和采纳，因而感到政治抱负难以施展，颇有怀才不遇、曲高和寡的苦闷，从这个意义上讲，老子没有被时代所选取。张松如先生则是从老子之后的若干年、几百年乃至上千年的历史长河中去研究老子是不是被历史所抛弃的问题。所以，任、张二先生的标准不同，观点上就有了差异。在历史上经常可以见到这样的景况，怀才不遇、难以施展其政治抱负的君子们，往往被后世的人们所看重，老子如此，孔子又何尝不是如此呢？因此，我们的认识是，老子被他所处的时代抛弃了，他的政治主张不能实行；但他又被后世的人们认可，他的思想学说、他的政治主张，有些被统治者接受了、实施了，有些被推向至尊之地，被神化为道教之经典。

第七章
万物不争，无道无亲

　　老子认为，水虽然表面上看来是柔弱卑下的，但它能穿山透石，淹田毁舍，任何坚强的东西都阻止不了它、战胜不了它。因此，老子坚信柔弱的东西必能胜过刚强的东西。这里，老子所说的柔弱，是柔中带刚、弱中有强、坚忍无比。

七十一、知不知

◎ 我是主持人

　　这一节是人贵有自知之明的格言。在社会生活中，有一些人自以为是，不懂装懂，刚刚了解了一些事物的皮毛，就以为掌握了宇宙变化与发展的规律；还有些人没有什么知识，而是凭借权力地位，招摇过市，便摆出一副智者的架势，用大话、假话欺人、蒙人。对于这些人，老子大不以为然，并且提出了尖锐的批评。

◎ 原文

　　知不知，尚矣；不知知，病也。圣人不病，以其病病。夫唯病病，是以不病。

◎ 注释

　　知不知：注解家们一般对此句有两种解释。一说知道却不自以为知道，一说知道自己有所不知。
　　尚：通"上"。
　　不知知：不知道却自以为知道。
　　病病：病，毛病、缺点。把病当做病。

◎ 译文

　　知道自己还有所不知，这是很高明的。不知道却自以为知道，这就是很糟糕的。有道的圣人没有缺点，因为他把缺点当做缺点。正因为他把缺点当做缺点，所以，他没有缺点。

◎ 直播课堂

　　在自知之明的问题上，中国古代哲人们有非常相似的观点。孔子有言曰："知之为知之，不知为不知，是知也。"（《论语·为政》）在老子看来，真正领会"道"之精髓的圣人，不轻易下断语，即使是对已知的事物，也不会妄自臆断，而是把已知当做未知，这是虚心的求学态度。只有这个态度，才能使人不断地探求真理。所以，老子认为，"知不知"，才是最高明的。在古今社会生活中，刚愎自用、自以为是的人并不少见。这些人缺乏自知之明，刚刚学到一点儿知识，就以为了不起，从而目中无人，目空一切，甚至把自己的老师也不放在眼中。这些人肆意贬低别人，抬高自己，以为老子天下第一，这说到底，如果不是道德品质问题，那就是没有自知之明。我们在阅读这一节的内容以后，深深地感到老子的《道德经》真是一部极富智慧的处世之作。

七十二、民不畏威

◎ 我是主持人

　　上一节讲自知之明，是就一般情况而论的。本节着重讲统治者要有自知之明，反对采取高压政治，反对肆无忌惮地压榨百姓。他认为，老百姓一旦不畏惧统治者的残暴统治，那么可怕的反暴力斗争就要发生了。他希望统治者不要自居高贵，而要自知、自爱，抛弃自见和自贵，这样，他就不会遭到人民的反抗。此节讲"不自贵"，与十三节讲"贵身"、四十四节讲"名与身孰亲"的内涵不同。"贵身"讲维护人的尊严，自重自爱，不以荣辱忧患和其他身外之物损害了自身的尊贵；"名与身孰亲"则说人的价值比虚名和货利更可宝贵，不要为争夺身外的名利而轻生伤身。

◎ 原文

　　民不畏威，则大威至。无狎其所居，无厌其所生。夫唯不厌，是以不

厌。是以圣人自知不自见，自爱不自贵。故去彼取此。

◎ 注释

民不畏威：威，指统治者的镇压和威慑。此句意为，百姓们不畏惧统治者的高压政策。

大威至：这个威是指人民的反抗斗争。

无狎：狎，通"狭"，意为压迫、逼迫。无狎，即不要逼迫的意思。

无厌：厌指压迫、阻塞的意思。

不厌：这个厌指人民对统治者的厌恶、反抗斗争。

不自见：不自我表现，不自我显示。

自爱不自贵：指圣人但求自爱而不求自显高贵。

去彼取此：指舍去"自见""自贵"，而取"自知""自爱"。

◎ 译文

当人民不畏惧统治者的威压时，那么，可怕的祸乱就要到来了。不要逼迫人民不得安居，不要阻塞人民谋生的道路。只有不压迫人民，人民才不厌恶统治者。因此，有道的圣人不但有自知之明，而且也不自我表现；有自爱之心也不自显高贵。所以要舍弃后者（自见、自贵）而保持前者（自知、自爱）。

◎ 直播课堂

有的学者认为，"这一节可以看出老子对人民压迫斗争的敌视"（任继愈《老子新译》）。当然，我们认为老子不希望暴乱，不管是统治者的高压暴政，也无论人民的反抗斗争都极力加以反对，这是因为暴乱将给社会造成严重灾难。那么，只要仔细加以分辨，我们就会得知，老子重点反对的是统治者的高压政策和自见、自贵的政治态度。因为人民的反抗斗争必须有一个前提，这个前提就是只有当统治者对人民实施暴政，压迫和掠夺人民的时候才会发生。所以老子警告统治者，对待人民必须宽厚，"无狎其所居，无厌其所生"。如果只是凭借恐怖手段，使人民群众无法照旧生存下去的话，那么老百姓就会掀起巨大的暴动，反抗统治者的暴政。然而，老子对当世的统治者们失去了信心，而把希望寄托在理想中的"圣人"身上，只有"圣人"才懂得这个道理。圣人有自知之明，有自爱之心。他不会自我显示，不会自我抬高，这样就可以取得人民群众对他的拥护和支持。由此，我们感到，老子这一节的内容，正是表达了人民的愿望，而就不仅仅是对人民反压迫斗争的敌视了。

七十三、勇于敢则杀

◎ 我是主持人

本节主要讲人生哲学。第一层意思是柔弱胜坚强，第二层意思是天道自然。这两层意思之间是相互沟通的。老子认为，两种不同的勇，会产生两种不同的结果，一则遭害，一则存活。"勇于敢则杀，勇于不敢则活"。自然界的万事万物只要依照自然的规律变化和发展，都会有好的结果，不会有什么漏失。在这里，老子讲了自然无为的人生哲学，细细读来，颇能启迪人的心灵。

◎ 原文

勇于敢则杀，勇于不敢则活。此两者，或利或害。天之所恶，孰知其故？天之道，不争而善胜，不应而善应，不召而自来，繟然而善谋。天网恢恢，疏而不失。

◎ 注释

勇于敢则杀，勇于不敢则活：敢，勇敢、坚强。不敢，柔弱、软弱。此句意为勇于坚强就会死，勇于柔弱就可以活命。

或利或害：勇于柔弱则利，勇于坚强则害。

天之道：指自然的规律。

繟然：安然、坦然。

天网：自然的范围。

恢恢：广大、宽广无边。

疏而不失：虽然宽疏但并不漏失。

◎ 译文

勇于坚强就会死，勇于柔弱就可以活，这两种勇的结果，有的得利，有的受害。天所厌恶的，谁知道是什么缘故？自然的规律是，不斗争而善于取胜；不言语而善于应承；不召唤而自动到来，坦然而善于安排筹划。自然的范围，宽广无边，虽然宽疏但并不漏失。

◎ 直播课堂

老子认为，自然的规律是柔弱不争的。他说，勇气建立在妄为蛮干的基础上，就会遭到杀身之祸；勇气建立在谨慎的基础上，就可以活命。勇与柔相结合，人们就会得到益处，勇与妄为相结合，人们就会遭受灾祸。同样是勇，利与害大相径庭。老子的主张是很明确的，他以为自然之道，贵柔弱，不贵强悍妄为；贵卑下，不贵高上贵重。而自然之道是不可违背的。有人认为老子只注重自然规律，而忽视人的主观因素，不讲人的主观努力的作用，是在宣扬退缩，胆小怕事的生活态度和命定论的思想。我们不同意这种观点，因为老子所宣扬的是自然规律，人们立身处世不可以违背自然规律，勇而敢是不遵循自然规律的肆意妄为，并不是我们现在所说的勇敢坚强的含义。勇而不敢是顺应自然规律，不以主观意志取代客观实际，并不是懦弱和软弱的代名词。我们同意老子的观点，人类的行为应该是选择后者而遗弃前者。

七十四、民不畏死

◎ 我是主持人

这一节讲老子的政治主张。他以为当时统治者施行苛政和酷刑，滥杀百姓，压制民众，其结果是，一旦人民不忍受了，就不会畏惧死亡。人的自然死亡，是从"司杀者杀"的天道掌管的，但人间的君主残暴无道，把人民推向死亡线上，这从根本上悖逆了自然法则。因此，从本节内容看，它是老子对于当时严刑峻法、逼使人民走向死途的情形，提出自己的批评与抗议。

◎ 原文

民不畏死，奈何以死惧之。若使民常畏死，而为奇者，吾得执而杀之，孰敢？常有司杀者杀。夫代司杀者杀，是谓代大匠斫，希有不伤其手者矣。

◎ 注释

为奇：奇，奇诡、诡异。为奇指为邪作恶的人。
执：拘押。
司杀者：指专管杀人的人。
代司杀者：代替专管杀人的人。
斫：砍、削。

◎ 译文

人民不畏惧死亡，为什么用死来吓唬他们呢？假如人民真的畏惧死亡的话，对于为非作歹的人，我们就把他抓来杀掉。谁还敢为非作歹？经常有专管杀人的人去执行杀人的任务，代替专管杀人的人去杀人，就如同代替高明的木匠去砍木头，那代替高明的木匠砍木头的人，很少有不砍伤自己手指头的。

◎ 直播课堂

有的学者在研究本节时这样写道："老子经常讲退守、柔顺、不敢为天下先，这是他的手法。他对待起来造反的人民可是不客气，是敢于动刀杀人的。只是他看到用死来吓唬人没有用，所以才说出一句真话：'民不畏死，奈何以死惧之？'过去有些人为了掩盖老子敌视人民的凶恶形象，故意说老子是不主张杀人的，这是断章取义。"（任继愈《老子新译》）

我们的想法是：在本节里，老子指出了人民已经被残暴的统治者压迫得不堪其苦了，死都不怕了，何必还用死来恐吓他们？如果不对人民使用严刑峻法，人民各得其所，安居乐世，就会畏惧死亡。在那种情形下，对于为非作歹之人，把他抓起来杀掉，还有谁再敢做坏事呢？他认为，应该把主观与客观两方面的情况考虑周全，并且采取宽容的政策，不按天道自然办事，草菅人命，就会带来无尽的祸患。仔细理解老子的本意，他并不是要用残酷的手段随意杀人。尽管在本节里我们见到好几个"杀"字，但并不是要杀害老百姓，这一点还是有必要分辨清楚的。

七十五、民之饥

◎ 我是主持人

上一节里，老子对严苛的政治压迫给予了抨击，要求统治者善待民众。这一节里，老子又对繁重的经济剥削进行指责。在《道德经》里的七十二节、七十四节、本节和七十七节，内容基本上都是对统治者进行无情揭露和严正警告。他认为，宽容的政治，比暴虐的政治要高明得多。因为，一旦人民不畏惧死亡而进行反抗，为求生存而暴动，那样，统治者的日子就不好过下去。

◎ 原文

民之饥，以其上食税之多，是以饥。民之难治，以其上之有为，是以难治。民之轻死，以其上求生之厚，是以轻死。夫唯无以生为者，是贤于贵生。

◎ 注释

有为：繁苛的政治，统治者强作妄为。

以其上求生之厚：由于统治者奉养过于丰厚奢侈。

无以生为：不要使生活上的奉养过分奢侈丰厚。

贤：胜过的、超过的意思。

贵生：厚养生命。

◎ 译文

人民所以遭受饥荒，就是由于统治者吞吃赋税太多，所以人民才陷于饥饿。人民之所以难于统治，是由于统治者政令繁苛、喜欢有所作为，所以人民就难于统治。人民之所以轻生冒死，是由于统治者为了奉养自己，把民脂民膏都搜刮净了，所以人民觉得死了不算什么。只有不去追求生活享受的人，才比过分看重自己生命的人高明。

◎ 直播课堂

老子在这一节里揭示了老百姓与统治者之间的矛盾对抗。从政治上讲，人民的反抗是由统治者的苛政和沉重的租税所引起来的，这是说，剥削与高压是政治祸乱的最实际的原因。老百姓在这种情况面前，只有铤而走险，毫不畏惧死亡。张松如先生说："本节文显义明，无须诠释。而有的论者，却硬说这是为统治者出谋划策，是骗人的。是的，'夫唯无以生为者，是贤于贵生也'。确实是代统治者设想的说法。可是古代的从事生产的广大民众，如果不是寄希望于其理想中的所谓'圣人'，难道在复杂的尖锐的阶级斗争的舞台上，还能扮演为独立的主角吗？前述的那些引论者，在这里说老子是为统治者出谋划策，在另一些地方又说老子是新兴的封建制度的对抗者，是势不两立的。这种随心所欲的评价，岂不是自相矛盾吗？"所以，张松如先生又说："本节揭示了劳动人民与封建统治者之间阶级矛盾的实质：人民的饥荒，是统治者沉重的租税造成的；人民的轻生，是统治者无厌的聚敛造成的。这种说法，当然同贯穿《老子》书中的'无为'思想相通着，可是它岂不也反映了被压迫的人民群众的要求吗？岂不正是作为人民群众主体的广大农民阶级思想的流露吗？"（《老子校读》，第404页）

七十六、人之生也柔弱

◎ **我是主持人**

这一节以生活中常见的现象，反复说明这样一种观点：柔弱胜刚强。老子向来主张贵柔、处弱，他从直观的认识角度，看到了人初生之时，身体是柔弱的，死了以后就变得坚硬了，草木初生之时也是柔弱的，死了以后就变得枯槁。这种直观的、经验的认识，可以说是老子处弱、贵柔思想的认识论之根源。

◎ **原文**

人之生也柔弱，其死也坚强。草木之生也柔脆，其死也枯槁。故坚强者死之徒，柔弱者生之徒。是以兵强则灭，木强则折。强大处下，柔弱处上。

◎ **注释**

柔弱：指人活着的时候身体是柔软的。
坚强：指人死了以后身体就变成僵硬了。
草木：一本在此之前有"万物"二字。
柔脆：指草木形质的柔软脆弱。
枯槁：用以形容草木的干枯。
死之徒：徒，类的意思。属于死亡的一类。
生之徒：属于生存的一类。
兵强则灭，木强则折：一本作"兵强则不胜，木强则兵"。

◎ **译文**

人活着的时候身体是柔软的，死了以后身体就变得僵硬。草木生长时是柔软脆弱的，死了以后就变得干硬枯槁了。所以坚强的东西属于死亡的一类，柔弱的东西属于生长的一类。因此，用兵逞强就会遭到灭亡，树木强大了就会遭到砍伐摧折。凡是强大的，总是处于下位，凡是柔弱的，反而居于上位。

◎ 直播课堂

老子对于社会与人生有着深刻的洞察，他认为世界上的东西，凡是属于坚强者都是死的一类，凡是柔弱的都是生的一类。因此，老子认为，人生在世，不可逞强斗胜，而应柔顺谦虚，有良好的处世修养。我们感到，这一节又一次表达了老子的辩证法思想。这种思想来源于对自然和社会现象的观察和总结。这里，无论柔弱还是坚强，也无论"生之徒"还是"死之徒"，都是事物变化发展的内在因素在发挥作用。这个结论还蕴涵着坚强的东西已经失去了生机，柔弱的东西则充满着生机。老子在这一节里所表达的思想是极富智慧的，他以自然和社会现象形象地向人们提出奉告，希望人们不要处处显露突出，不要时时争强好胜。事实上，在现实生活当中，有不少这样的人，这种例子不胜枚举。当然，这也符合老子一贯的思想主张。

七十七、天之道

◎ 我是主持人

本节文字透露出一种朦胧的、模糊的平等与均衡思想。这是他的社会思想。他以"天之道"来与"人之道"作对比，主张"人之道"应该效法"天之道"。老子把自然界保持生态平衡的现象归之于"损有余而补不足"，因此他要求人类社会也应当改变"损不足以奉有余"的不合理、不平等的现象，效法自然界的"损有余而补不足"和"损有余以奉天下"，体现了他的社会财富平均化和人类平等的观念。因而，这一节是七十四

节、七十五节里"民不畏死，奈何以死惧之""民之饥，以其上食税之多"这一思想的继续和发展，表达了老子对统治者推行苛政的痛恨，对老百姓生活艰难困苦的同情。所以，这是《道德经》体现的人民性的一面，是其精粹。

◎ 原文

天之道，其犹张弓与？高者抑下，下者举之，有余者损之，不足者补之。天之道，损有余而补不足。人之道，则不然，损不足以奉有余。孰能有余以奉天下，唯有道者。是以圣人为而不恃，功成而不处，其不欲见贤。

◎ 注释

人之道：指人类社会的一般法则、律例。

是以圣人为而不恃，功成而不处，其不欲见贤：陈鼓应先生认为这三句与上文不连贯疑为错简复出。此处仍予保留。

◎ 译文

自然的规律，不是很像张弓射箭吗？弦拉高了就把它压低一些，低了就把它举高一些，拉得过满了就把它放松一些，拉得不足了就把它补充一些。自然的规律，是减少有余的补给不足的。可是社会的法则却不是这样，要减少不足的，来奉献给有余的人。那么，谁能够减少有余的，以补给天下人的不足呢？只有有道的人才可以做到。因此，有道的圣人这才有所作为而不占有，有所成就而不居功。他是不愿意显示自己的贤能。

◎ 直播课堂

本节主旨的是论述"天之道，损有余而补不足。人之道，则不然，损不足以奉有余。"老子出于对自然界和人类社会的观察，认为一切事物，在其相互对立的矛盾中，都具有同一性。张松如指出，"老子把他从自然界得来的这种直观的认识，运用到人类社会，面对当时社会的贫富对立，阶级压迫的不合理现实，他认为'人之道'也好比张弓的'天之道'那样，'高者抑之，下者举之，有余者损之，不足者补之'。这是他的主张，他的愿望。可是，现实怎么样呢？现实是'人之道则不然，损不足以奉有余'。"（《老子校读》第44页）杨兴顺说："在老子看来，损有余而补不足，这是自然界最初的自然法则——'天之道'。但人们早已忘却'天之道'，代之而建立了人们自己的法则——'人之道'，有利于富人而有损于贫者，'天之道'，有利于贫者，给他们带来宁静与和平，而'人之道'则相反，它是富人手中的工具，使贫者濒于'民不畏死'的绝境。"胡寄窗说："老子所以产生这种分配观念，由于他认为自然规律总是'损有余而补不足'，因此应该使贫富平均，大家有利。天之道虽主损有余以补不足，但损有余的结果会更增加被损者的利益，因为'物或损之而益'。由于现实社会是'损不足以奉有余'，存在领主贵族对劳动人民的压榨，也存在新兴地主阶级与富商大贾的剥削，所以，老子企图以'天之道'警诫他们，使他们本着自己的利益以遵行天道。他们要求富者能够做到'常善救人，故人无弃人；常善救物，则物无弃物'。从均富和使人与物都能得到充分利用这一点看来，老子的愿望是好的，但在考虑如何实现这一愿望时，他们并没有提出任何积极的斗争纲领，而是向剥削者说教，妄想他们发善心，这又充分暴露了他们在解决社会现实问题上的软弱无能。"（《中国经济思想史》上）以上诸位学者的观点，基本上找到了老子在均贫富问题上的合理之处和症结所在。

七十八、天下莫柔弱于水

◎ **我是主持人。**

本节以水为例，说明弱可以胜强、柔可以胜刚的道理。八节说"水善利万物而不争"，本节可与八节的内容联系起来阅读。老子所举水的例子是人们日常生活中常见的。水最为柔弱，但柔弱的水可以穿透坚硬的岩石。水表面上软弱无力，却有任何力量都不能抵挡的力量。这就清楚地说明，老子所讲的软弱、柔弱，并不是通常人们所说的软弱无力的意思。此处，由于水性趋下居卑，因而老子又阐扬卑下屈辱的观念，实际上反而能够保持高高在上的地位，具有坚强的力量。本节后面有一句话："正言若反"，集中概括了老子辩证法思想，其含义十分深刻、丰富。

◎ 原文

天下莫柔弱于水，而攻坚强者莫之能胜，以其无以易之。弱之胜强，柔之胜刚，天下莫不知，莫能行。是以圣人云："受国之垢，是谓社稷主；受国不祥，是为天下王。"正言若反。

◎ 注释

无以易之：易，替代、取代。意为没有什么能够代替它。

受国之垢：垢，屈辱。意为承担全国的屈辱。

受国不祥：不祥，灾难，祸害。意为承担全国的祸难。

正言若反：正面的话好像反话一样。

◎ 译文

遍天下再没有什么东西比水更柔弱了，而攻坚克强却没有什么东西可以胜过水。弱胜过强，柔胜过刚，遍天下没有人不知道，但是没有人能实行。所以有道的圣人这样说："承担全国的屈辱，才能成为国家的君主，承担全国的祸灾，才能成为天下的君王。"正面的话好像在反说一样。

◎ 直播课堂

本节内容主要包括两点：一是对水的赞美；二是"正言若反"。张松如说："在世界上，弱能胜强，柔能制刚的事例是不乏见的。生活在春秋末年的老子，他亲身经历了这个时期的许多大变化，看到了曾为天下共主的周王朝由盛到衰的演变，这不能不对他的思想发生重大影响；同时，在这个时期，随着铁器的广泛使用，人类在征服自然界的斗争中，对自然现象的认识也在不断发展。""在更远的时期，水的特点还没有为人们所了解，保留《山海经》中禹治洪水的传说，和老子书中对于水的柔性和作用的认识，是很不相同的。"所以，对于老子柔弱似水的主张，应该加以深入理解，不能停留在字面上。由此推而言之，老子认为，体道的圣人就像水一样，甘愿处于卑下柔弱的位置，对国家和人民实行"无为而治"。

再说"正言若反"。老子所说"正言若反"是老子对全书中那些相反相成的言论的高度概括，例如，"大成若缺""大盈若冲""大直若屈""大巧若拙""大辩若讷""明道若昧""进道若退""夷道若类""上德若谷""大白若辱""广德若不足""建德若偷""质真若渝""大方无隅""大器晚成""大音希声"，等等。孙中原说："这里连句子的结构都是类似的。……他们本来是彼此相异的、互相排斥的、对立的，但在某种条件下，某种意义上，表示某种特定事物的概念和它的对方具有了统一性，二者互相包含，互相融合，互相渗透，彼此同一、一致。这样，在同一个判断中，就包含了对立概念的流动、转化，体现了概念的灵活性。这种灵活性是有条件的，老子中的话也只在一定条件下才有意义。"

七十九、和大怨

◎ 我是主持人

本节继续讨论"损有余而补不足"的道理，提示为政者不可蓄怨于民，警告统治者不要激化与老百姓之间的矛盾。因为积怨太深，就难以和解，用税赋去榨取百姓，用刑法去钳制百姓，都会构怨于民。所以，为政者应该像有道的圣人那样，行"无为"之治，以"德"化民，给予而不索取，不扰害百姓。这就是"执左契而不责于人"。

◎ 原文

和大怨，必有余怨；报怨以德，安可以为善？是以圣人执左契，而不责于人。有德司契，无德司彻。天道无亲，常与善人。

◎ 注释

报怨以德：许多学者都以为此句原在六十三节内，但据上下文意应在本节内。

　　契：契约。

　　责：索取所欠。

　　司彻：掌管税收的官职。

　　无亲：没有偏亲偏爱。

◎ 译文

　　和解深重的怨恨，必然还会残留下残余的怨恨；用德来报答怨恨，这怎么可以算是妥善的办法呢？因此，有道的圣人保存借据的存根，但并不以此强迫别人偿还债务。有"德"之人就像持有借据的圣人那样宽容，没有"德"的人就像掌管税收的人那样苛刻刁诈。自然规律对任何人都没有偏爱，永远帮助有德的善人。

◎ 直播课堂

　　本节有一句"圣人执左契，而不责于人"，其思想是希望人们做有德行善之人，才可能得天道的庇护。因为"无道无亲"，对万事万物都非常公正，并非对哪一物有特别的感情，有德行善之人，他所以得到"天"的帮助，是因为他顺应自然规律的结果，是他自身努力的结果。这是向那些剥削者进行劝说，劝他们积德行善不要扰害百姓，否则会受到自然规律的惩罚。他在本节里特别强调这一点，他说用"德"和解重大的怨仇，这肯定还留下残余的怨恨，最好的办法，就是不要与人结下怨仇，即要求统治者实行清静无为之政，辅助百姓而不干涉他们；给予百姓而不向他们索取；这样就不会积蓄怨仇，这便是治国行政的上策。否则，肆意盘剥、搜刮、随意施用严刑峻法约束、限制人民，那就会与民结怨，这便是治国行政的下策。

八十、小国寡民

◎ 我是主持人

　　这是老子理想中的"国家"的一幅美好蓝图，也是一幅充满田园气息的农村欢乐图。老子用理想的笔墨，着力描绘了"小国寡民"的农村社会生活情景，表达了他的社会政治理想。这个"国家"很小，邻国相望、鸡犬之声相闻，大约相当于现在的一个村庄，没有欺骗和狡诈的恶行，民风淳朴敦厚，生活安定恬淡，人们用结绳的方式记事，不会攻心斗智，也就没有必要冒着生命危险远徙谋生。老子的这种设想，当然是一种幻想，是不可能实现的。

◎ 原文

　　小国寡民。使有什伯之器而不用；使民重死而不远徙；虽有舟舆，无所乘之；虽有甲兵，无所陈之。使人复结绳而用之。至治之极。甘美食，美其服，安其居，乐其俗，邻国相望，鸡犬之声相闻，民至老死不相往来。

◎ 注释

　　小国寡民：小，使……变小，寡，使……变少。此句意为：使国家变小，使人民稀少。
　　使：即使。
　　什伯之器：什伯，意为极多，多种多样。各种各样的器具。
　　重死：看重死亡，即不轻易冒着生命危险去做事。
　　徙：迁移、远走。
　　舆：车子。

甲兵：武器装备。

陈：陈列。此句引申为布阵打仗。

结绳：文字产生以前，人们以绳记事。

甘其食，美其服，安其居，乐其俗：使人民吃得香甜，穿得漂亮，住得安适，过得习惯。

◎ 译文

使国家变小，使人民稀少。即使有各种各样的器具，却并不使用；使人民重视死亡，而不向远方迁徙；虽然有船只车辆，却不必每次坐它；虽然有武器装备，却没有地方去布阵打仗；使人民再回复到远古结绳记事的自然状态之中。国家治理得好极了，使人民吃得香甜，穿得漂亮，住得安适，过得快乐。国与国之间互相望得见，鸡犬的叫声都可以听得见，但人民从生到死，也不互相往来。

◎ 直播课堂

小国寡民是老子所描绘的理想社会，它反映了中国古代社会自给自足的生活方式。老子幻想着回复到没有压迫、没有剥削的原始社会时代，在那里，没有剥削和压迫，没有战争和掠夺，没有文化，也没有凶悍和恐惧。这种单纯的、质朴的社会，实在是古代农村生活理想化的描绘。胡寄窗说："我们研究老子小国寡民思想，要分析产生这种理想的阶级根源、时代因素以及其所企图要解决的问题。所谓小国寡民是针对当时的广土众民政策而发的。他们认为广土众民政策是一切祸患的根源。作到小国寡民便可以消弭兼并战争，做到'虽有甲兵，无所陈之'；便可以避免因获取物质资料而酿成社会纷扰的工艺技巧，'便有什伯之器而不用'；便可以取消使民难治的智慧，而且结绳以记事的方法来代替；便可能使人安于俭朴生活，不为奢泰的嗜欲所诱惑；便可以使人民重死而不远徙，以至老死不相往来，连舟车等交通工具都可一并废除。他们不了解，广土众民政策是社会生产力发展到一定水平时，新的生产关系要求一个全国统一的地主政权这一历史任务在各大国的政策上的反映。"但是老子"忘记了在'有什伯之器而不用'的原始'乐园'中，并没有甘食美服，也没有代他们生产甘食美服的被剥削的人。老子作者尽管在世界观上是唯物主义的，而在社会观上特别是在经济问题的看法上却陷入于唯心主义的幻想。"这个批评是中肯的。老子面对急剧动荡变革的社会现实，感到一种失落，便开始怀念远古蒙昧时代结绳记事的原始生活，这是一种抵触情绪的发泄。晋朝时陶渊明写了一篇传诵至今的名篇《桃花源记》，应该讲，此文显然受到老子八十节内容的影响。这是一个美丽的幻想，同时也表达了他对社会黑暗的不满，反映了人民摆脱贫困和离乱的愿望。在这一点上，老子和陶渊明的思想是一脉相承的。

八十一、信言不美

◎ 我是主持人

　　本节是《道德经》的最后一节，应该是全书正式的结束语。本节用格言警句的形式，前三句讲人生的主旨，后两句讲治世的要义。本节的格言，可以作为人类行为的最高准则，如信实、讷言、专精、利民而不争。人生的最高境界是真、善、美的结合，而以真为核心。本节含有朴素的辩证法思想，是评判人类行为的道德标准。

◎ 原文

　　信言不美，美言不信。善者不辩，辩者不善。知者不博，博者不知。圣人不积，既以为人，己愈有，既以与人，己愈多。天之道，利而不害。圣人之道，为而不争。

◎ 注释

　　信言：真实可信的话。
　　辩：巧辩、能说会道。
　　博：广博、渊博。
　　圣人不积：有道的人不自私，没有占有的欲望。

既以与人，己愈多：已经把自己的一切用来帮助别人，自己反而更充实。

多：与"少"相对，此处意为"丰富"。

利而不害：使在万物得到好处而不伤害万物。

圣人之道：圣人的行为准则。

◎ 译文

真实可信的话不漂亮，漂亮的话不真实。善良的人不巧说，巧说的人不善良。真正有知识的人不卖弄，卖弄自己懂得多的人不是真有知识。圣人是不存占有之心的，而是尽力照顾别人，他自己也更为充足；他尽力给予别人，自己反而更丰富。自然的规律是让万事万物都得到好处，而不伤害它们。圣人的行为准则是，做什么事都不跟别人争夺。

◎ 直播课堂

本节一开头提出了三对范畴：信与美，善与辩，知与博，这实际上是真假、美丑、善恶的问题。老子试图说明某些事物的表面现象和其实质往往并不一致。这之中包含有丰富的辩证法思想，是评判人类行为的道德标准。按照这三条原则，以"信言""善行""真知"来要求自己，做到真、善、美在自身的和谐。按照老子的思想，就是重归于"朴"，回到没有受到伪诈、智巧、争斗等世俗的污染之本性。张松如说："世界上的事物多种多样，社会现象更是十分复杂，如果单单认定'信言'都是不美的，'美言'都是不信的；'知者'都是不博的，'博者'都是不知的，这就片面了。不能说世界上真、善、美的事物永远不能统一，而只能互相排斥。只知其一，不知其二，那就不免始于辩证法而终于形而上学。"对此，我们倒认为，没有必要从字面上苛求老子，否则就会偏离或曲解老子的原意。其实，在日常生活中，人们也往往这么说："忠言逆耳""良药苦口"。听到这些话后，大概很少有人去钻牛角尖，反问：难道忠言都是逆耳的吗？难道良药都是苦口的吗？所以，老子的这些警句并不存在绝对化的问题。

下篇 《道德经》深度报道

第一章
"无为之治"的道德观

　　老子的"道"是具有一种对宇宙人生独到的悟解和深刻的体察,这是源于他对自然界的细致入微的观察和一种强烈的神秘主义直觉而至。这种对自然和自然规律的着意关注,是构成老子哲学思想的基石。

一、"道"的革命性和合理性

"道"这个哲学概念，首经由老子提出。

这个颇带东方神秘主义色彩的名词，在《道德经》一书中频频出现，它有时似乎在显示宇宙天地间一种无比巨大的原动力；有时又在我们面前描画出天地混沌一片的那种亘古蛮荒的状态；或展示天地初分，万物始生，草萌木长的一派蓬勃生机，如此等等。

从老子对"道"的种种构想中，我们完全可以体味到他对"道"的那种近乎虔诚的膜拜和敬畏的由来。老子对"道"的尊崇，完全源于对自然和自然规律的诚信，这完全有别于那个时代视"天"和"上帝"为绝对权威的思想观念。"道"，对老子来说，仅仅是为了彻底摆脱宗教统治而提出的一个新的根据，它比"上帝"更具权威性。

源于一种生物学上的意义，人类与自然的关系，无论在精神上抑或在物质方面，从古迄今，都表现为一种近乎原始的依赖性，有如婴儿之对母体。古人有云："人穷则返本。"这个所谓的"本"，从更广泛的意义上讲，也就是指"自然"，这个人类和万物的母亲。屈原长诗《天问》为什么会提出许多对宇宙天体、历史、神话和人世方面的疑问？当他对政治前途和黑暗现实感到失望时，很自然地会产生一种对自然的返归心态和求助愿望。出于一种对现实的不满和焦虑，推本极源，急切希望找到人在神秘的自然力面前的合适位置。

弗洛伊德的"快乐原则"说，论述了文明给人类带来物质利益的同时，也给人类的精神带来了极为沉重的压抑，这是文明之一大缺憾。然而他所说的人类天生的追求快乐的原则，也正是建立在人和自然的谐和关系上。今天，人们在生活需求和文化思想方面涌动的"回归自然"潮流，不也是从更广泛的意义上解释了古代学家们对宇宙自然竭力地探索的原因吗？由此我们也可理解老子哲学里尊崇自然、否决知识、追求"小国寡民"的政治生活，以及对"道"淳朴本性和神秘的原始动力的渲染的历史原因所在了。

春秋战国时期，王权上移，政治和社会关系均发生了急剧的变化。同时，现实社会中的氏族制束缚着历史的发展，旧有的"天命观"和"天道观"同样也束缚着思想的发展。老子形而上学的"道"的提出，是从对自然史的认识上寻找否决"天命观""天道观"的理论根据，因而具备了中国古代哲学史的革命性和合理性。

二、闪光的朴素辩证法

朴素的辩证法，是老子哲学中最有价值的部分。在中国的哲学史上，还从来没有谁像他那样深刻和系统地揭示出了事物对立统一的规律。老子认为，事物的发展和变化，都是在矛盾对立的状态中产生的。对立着的双方互相依存，互相联结，并能向其相反的方向转化。而这种变化，他把它认为是自然的根本性质，"反者，道之动也"（第四十节）。老子的辩证法是基于对自然和社会综合的概括，其目的在于找到一种合理的社会生活的政治制度的模式。他所提出的一系列的对立面，在人类社会生活中随处可见，如善恶、美丑、是非、强弱、成败、祸福等，都蕴涵着丰富的辩证法原理。譬如说，如果人们没有对美好事物的认定和追求，也就不会产生对丑恶现象的唾弃；当你还沉浸在幸福或成功的喜悦中时，或许一场灾祸或不幸正悄悄临近。

有个哲学家说过：人们讲得最多的，却往往是他最不了解的，人们对部分事物和表面现象的关注，常常会忽视整体的隐藏在深层次的、最本质的东西。宋代大诗人苏东坡在《题西林壁》一诗中写道："不识庐山真面目，只缘身在此山中。"这富于哲理的诗句，表述了对事物全体与部分、宏观与微观、现象与本质等诸种关系的领悟，这富于启迪性的人生哲理，与老子的辩证法有异曲同工之妙。如果我们站在历史的高度上，会发现人

类文明的进步是在真理与谬误、美与丑、进步与落后等矛盾斗争中前进的。而辩证法的丰富内涵就包含在全部人类文明史中。

老子的朴素辩证法，对中国文化的影响是极其深远的。传统文学艺术中有不少体现辩证思维的范畴，就与之有明显的渊源联系。例如"有"与"无"，出自老庄哲学，"有无相生"体现了事物对立统一的辩证关系，实际也体现了艺术创作的辩证关系。后世的作家、艺术家，他们逐步从老庄哲学中引申出了这样一种思想：通过"有声""有色"的艺术，而进入"无声""无色"的艺术深层境界，达到至美的境界。与之相关，"虚"与"实"的概念也随之应运而生，而"虚实相生"理论也成为中国古代艺术美学中独具特色的理论。

"奇"与"正"这对范畴涉及艺术创作中整齐与变化相统一的创造、表现方法，为中国古代作家、艺术家所常用。"正"指正常、正规、正统、整齐、均衡，"奇"指反常、怪异、创新、参差、变化，二者在艺术创造中是"多样统一"规律的具体表现之一。在创作者们看来，其意味着事物与事物或形式因素之间既有对称、均衡、整齐以有参差、矛盾、变化，彼此相反相成，正中见奇，奇中有正，奇正相生，于是产生出和谐的、新颖的艺术美。倘若寻根究源，"奇"与"正"作为对立的哲学范畴，正始见于《道德经》五十八节："正复为奇"。而将这对范畴移用于文学理论中，则始于刘勰《文心雕龙》。

毋庸置疑，在中国哲学辩证法发展史上，老子的学说及其影响值得大书特书一笔。

三、无为而治乃大治

任用贤才，富国强兵，而后取列国的为一统，本是春秋战国时期从以血缘关系为纽带的世卿世禄制向封建的中央集权制国家发展之一大时代特征。对人才的重视、使用乃至研究，成了长达五个半世纪的先秦社会中的热点问题。先秦时代是诸子的时代、士的时代和知识分子的黄金时代。由于列国都重视人才的使用，知识分子的社会地位大大提高。他们或者纵横捭阖，游说诸侯，或者著书立说，自由阐发自己的观点。多元的政治格局和动荡、变乱的社会现实，为他们聪明才智的发挥提供了最广阔的历史舞台。但不可否认的是，社会大变革中产生的种种弊端，特别是苛重的租税和劳役、频繁的战事所造成的经济凋敝和艰辛的民生，以及统治者的伪善、贪婪、残暴不仁等，都给诸子们以反思。他们希望从理论上来探究其原因。于是，有了从社会本体——人的本性的研讨，来找寻构建理想社会的基石。

墨家、法家对人性作出了"恶"的假定，并因之而提出"崇贤尚才"的主张。主张用积极、斗争的方式来促进社会的改良。他们高扬了人类的能创精神，为先秦社会的发展发挥了良好的积极作用。

与之相反，老子认为人的本性是善良的、纯真的，而种种人类丑恶行为，则应当是不合理、不完善的社会制度造成人性扭曲的不正常现象。由此，老子坚持去伪存真，保留人性善美而契合自然之道的东西，摒弃所有引起人的贪欲的东西，尤其是当时流行的推崇贤能的风尚，更被他认为是最易产生罪恶的渊薮。他的政治思想，在今天看来，似乎是难以理解。他理想社会中的人民，四肢发达，头脑简单，没有奢侈的物质享受欲望，也没有被各种令人头晕目眩的文化或知识困扰的烦恼。他是一个历史的循环论者。在他的眼里，让人们在一种自由宽松的社会环境中保持人类淳朴天真的精神生活，与自然之道相契合，比物质文明虽然发达，但充满着危机、争斗、谋杀和阴谋的社会制度显然更符合于人类的本性。

他所强调的"无为"，即是顺应自然，其治理社会的效力，显然要比用法令、规节、制度、道德、知识来约束人的社会行为要合理得多，有力得多。这就是"无为而无不为"的基础含义。而老子的这种社会理想，又是同他的"道"论密切相关的。

出于对自然法则的深刻悟解，老子把适应于"道"的运动，看做是人类政治制度、社会生活以及道德准则都应该遵循的最高准则。具体体现在他政治思想中的即是他鼓吹的"无为之治"和"不言之教"。所谓"无为之治"并不是无所为，而是强调人的社会行为要顺应自然，适用于"道"的运动。李约瑟把这种行为方式解释为"抑制违反自然的行动。"具体地讲，就是要求统治者给老百姓宽松的生活和生产的环境，不强作干预，以顺应自然。老百姓在这种怡然自得的生活环境里,无苛政之苦,无重税之忧,自然会感到这种政策的好处,从而达到了"不言之教"的教化作用。

"无为之治"并不是脱离现实的乌托邦,也不是虚渺幻想中架设起来的空中楼阁,它具有现实中施行的可行性和合理性。最显明的史例就是汉初的黄老无为之治。由于秦王朝的残暴统治和汉楚之争,西汉初期,社会生产遭受严重破坏,经济凋敝,人口大量减少。《史记·平准书》记载当时"自天子不能具钧驷,而将相或乘牛车,齐民无藏盖。"在这种残破的社会经济状况下,自高祖刘邦开始,实行了黄老的无为之治,采取"与民休息"政策。至文帝时期,更进一步推行"轻徭薄赋""约法省禁"政策,使生产逐渐得到恢复和发展。

在老子看来,高明的当政者和领导者应懂得自然之道,顺应人的天性,让下属和百姓各尽其能,各守其职,各得其所,相安无事,而切忌用过多的条规制度来进行强制性约束,否则会适得其反。也就是说,最好的政策应该是"清静无为"的政策,不要左一个运动,右一个政策,搞得民众无所适从。要让一个国家、一个社会安定大治,就像对待井水一样,搅动得越凶,残渣败叶就越是泛起,水就越是混浊,最好的办法不是去放什么漂白粉之类的,而是停止施加外力,让它自己慢慢平静下来,这样井水就会自然清静了。"无为而治乃大治",这是老子"无为"论给后人的有益启示。

四、思想的放荡

把"道"喻为一只肚内空虚的容器,是对其神秘性、不可触摸性和无限作用的最直观和最形象的譬喻。哲理的揭示,只有扎根于形象,才会使蕴涵的丰富性、概括性、抽象性和外延性得到能动和富于想象力的发挥,老子对道的这种不拘常规的描述方式,给予后来道家人物自由放荡的思想和行为以先导和启迪意义。

最引人深思的例子，是对庄子作品中深邃的哲理发挥和艺术形象想象力的极度夸张的影响。《庄子·德充符》写了好几个奇丑无比的得道之士，如断脚的叔山无趾，生着瘤子的瓮㼜大瘿，弯腰驼背又没有嘴唇的支离无脤，等等。可这样的人，偏偏国君看其顺眼，男人们乐于相处，女人们甚至争着相嫁。究其缘由，就因为这些人悟道天然，形显而德美，内在的道德美胜过了外在的形体丑。《庄子》一书中，像这样用放荡的思维和古怪的事例来阐说道理的篇节，可谓比比皆是。他说厉鬼与西施"道通为一"，说中央之帝浑地被人为凿出"七窍"而丢了命，诸如此类，都体现出这种特征。

这种超常规的思维方式，对于后来魏晋时期玄学的自由发挥，也有其直接的承袭关系。玄学在残酷的政治高压下，以针对世俗礼教的束缚，主张人性的解放、服膺于自然为其宗旨。号称"竹林七贤"的刘伶，佯狂纵酒，放浪形骸。一次，他饮酒大醉，脱衣裸形在屋里。有人因此而嘲笑他，刘伶却回答说："我把天地当做房屋，房屋当做衣裤，你又为什么走到我的裤子中来呢？"这种看似怪诞的言行，却真实反映了清谈人物对人与自然关系以及对道的特性的理解。老子说："人法天，天法道，道法自然。"道家思想主张人与自然关系的谐和，追求个人的生活方式、思想、道德和行为准则与道、自然、天地相契合的最高境界。刘伶的这种惊世骇俗的言行，正是对世俗和礼教的唾弃，正是把自己的精神、肉体融合到自然广大深厚怀抱里的一种实践。

"越名教而任自然"，这是魏晋名士的名言。对现实礼教的鄙弃，对自然天性的追求，使得思想放荡、性格不羁的他们，在世俗的眼中总是显得那么奇异怪诞、格格不入。那个临刑前还要弹奏一曲《广陵散》的嵇康，就是一个敢于怀疑和批判的思想放荡者。他竟然对一向被视为"凶逆"的管叔、蔡叔给予新评价，认为其"未为不贤"，只是"不达圣权"而已；不仅如此，他还无法无天的"非汤武而薄周孔。"诸如此类，他都表现出一种独立不羁的人格精神，千载而后，仍让人不能不感叹敬佩。

五、"天"的新发现

不讲仁慈，不乱发议论，听任事物的自生自灭。这就是老子在对自然界的客观唯物性质认识的基础上，所提出的"无为之治"的大体原则。

"天"是中国哲学史上最早出现的一个范畴。

古人惯于把天看做是世界的主宰，并往往赋予天以人格和宗教方面的含义，先秦诸子们也大多继承了这种传统的天命观。夏王朝的建立，由于有了统一的君主专制政权，反映到宗教上，在多神之上便出现了众神之长，即上帝，又叫做"天"。从此，"天"被赋予了至高无上的神性，而成为天神。这种人格化的主宰者式的天神观念，到了商、周时期得到进一步强化和丰富。春秋时期，传统的天命神学并未完全解体，依然是当时占统治地位的意识形态。孔子关于"天"的理解是有矛盾的，就其思想的主导方面而言，仍是坚持了殷周以来的天神观念，肯定天是有意志的，并且肯定天命，鼓吹"生死有命，富贵在天"；而墨子则提出"天志""天意"，宣扬天有意志，认为天能赏善罚恶，并有"兼爱"精神；孟子更以人性的义理推及天道，说"诚者天之道；思诚者人之道。"时至今天，人们还常说"天理难容"这样的话，可见，传统天命观是如何广泛而深远地影响着我们思想方法。

老子是一个勇敢的批判者，他具备了他同时代和以后诸多哲学家、学者所不具备的睿智和胆识。正是他第一个讲出了天不讲仁慈这样的真理，并用哲学的推理，把自然界的原理转向人世。在老子的眼中，天不带有任何人类道义和道德方面的感情，它有自己客观运行的方式。天虽然不讲仁慈，但也无所偏向，不特意对万物施暴。而它的滋生万物，给世界以蓬勃的生机，人类得以繁衍生息，社会文明得以昌明。因此，"圣人"也不对百姓讲仁慈，他应仿效自然运行的样子，治理社会。如果治理者发的议论多了，人为的干预多了，各种矛盾也就会激化，更何况个人的意见往往带有片面性或谬误。

老子在关于"天"的问题上，既不同于孔子的"天命"，又区别于墨子的"天志"，认为"道"是宇宙万物的根本。"天"是由"道"产生的，它没有意志，没有好恶，更不是一种超自然的精神力量。这无疑是一种自然之天。老子的功绩，就在于他否定了有人格的天神，重新恢复和提出自然之天。

六、怪异思维何曾怪

把神秘莫名的"道"喻之为母性动物的生殖器官，是非常贴切地描述了无所不能的、生育着万物的"道"的特性。这种粗拙、简明和带有野蛮时代遗风的表述方法，在老子的书中屡屡出现。这说明了两方面的问题：一、从用词遣名的习惯上看，反映出老子对人类因循知识的厌倦，他担心文明的习惯和知识会日益削弱人类对自然的洞察和对"道"的领悟；二、老子不愿意把"道"界定在某个认识范畴之内。他所关注着的"道"是宇宙、天地间的一种相互联系、相互制约、相互影响、相互作用的整体的统一关系，而不在于某部分的，或某种性质的界定或划分。因此，他的"道"具有不同于众的描述方式和认识角度。

无独有偶，心理学大师弗洛伊德在论及人与文明的关系时，也使用了如此"粗俗"的描述方法。他把人类的住房分析成是母亲的替代物，说："子宫是第一个住房，人类十有八九还留恋它，因为那里安全舒畅。"是的，人类最原始的本性表现为对母体的依恋，这在每个人的内心中都有所体验。然而这种本性又在人类精神需求上，曲折地表现为依赖自然，企求与自然合为一体的强烈愿望。我们今天对自然的怀念，对田园牧歌式生活的向往，也正如孩提之对温柔的母体，急切地希望在自然无穷的奥秘中寻回我们失去太多了的东西。太多的城市的喧嚣，过度的工业污染，人口失调以及紧张复杂的人事关系，人们的精神承受着沉重的压力。我们致力于环境保护：种植森林，净化空气和江河海洋的水质，保护濒临绝灭的野生动植物物种，是在拯救我们赖以生存的自然环境。我们在哲学上、文化思想上研究人与自然的关系，也都是在寻回人类业已失去了的梦。

　　因此，重新回过头来理解老子给"道"赋予的睿智、广博和深沉的哲学含义，对今天社会文明持续、协调的发展具有很强的启迪意义。人们大多惯于常规化的思维，把不合于此之物斥为"怪"，这其实是一种思维的惰性表现。要知道，打破常规，才会有认识的深化和观念的革命。读《道德经》一书，我们尤其不可忘了这点。

第二章
以退为进的哲学

在厚重坚固的"门框"前面，暂时的低头并不意味着卑屈和降低人格，更不表明失去原则和自尊，而是一种艺术的处世方法和智者的表现。能屈能伸，刚柔兼济，从来不失为男子汉大丈夫的气度和风范。一时的低头是为了长久的抬头，正如暂时的退让是为了更好的前进。

一、王翦谨言慎行

秦始皇将要进攻楚国，先询问年少气盛的将军李信："我想要攻取楚国，你看需要多少人？"

李信回答："最多不过二十万人。"

秦始皇又问老将王翦，王翦说："非六十万人不可。"

秦始皇说："王将军，你真的老了，怎么这么胆怯？李将军果然年轻勇敢，他的话很有道理。"

秦始皇任命李信为统帅，派给他十万军队；王翦因不被信任，称病辞职，退休于频阳。

不料李信勇而无谋，导致秦军全军覆没。秦始皇万般无奈，亲自骑马来到频阳，向王翦道歉说："寡人由于没有采用将军的意见，李信果然辱没了秦军。听说现在楚军日渐向我国进逼，将军虽然有病，难道忍心置寡人于不顾吗？"

王翦推辞道："老臣既衰且病，请大王另择贤将。"

秦始皇说："你别推托，这件事就这么定了！"

王翦说："大王如果迫不得已而一定要使用老臣，臣还是非六十万人不可。"

秦始皇这一回答应得十分痛快："一定按将军的意见办。"

于是，王翦统率了六十万大军，秦始皇亲自送至咸阳郊外。王翦在出发前，向秦始皇请求大量田园房宅的赏赐。秦始皇说："将军快出发吧，你还怕会受穷吗？"

王翦说："为大王统兵打仗，有再大的功劳也不会封侯，因此趁着现在大王还用得着臣，臣也好及时求得田园等赏赐以传给子孙。"

秦始皇大笑。王翦出发已走到了潼关，还先后五次派使臣回来请求赏赐。有人不解地问道："将军求赏也未免太急了点！"

王翦说："你们哪里明白，秦王心地狭窄而又多疑，如今他倾全国的兵力交付于我，我若不为子孙请求田宅，岂不令秦王怀疑我吗？"

二、智者有功不骄

　　汉高祖刘邦当了皇帝，大封有功之臣。他封丞相萧何为侯，所得的城邑很多。武将们都有些愤愤不平，说："我们冲锋陷阵，多的打过一百多仗，少的也有几十仗。萧何没有汗马功劳，不过是写些文告，发些议论，他反而在我们之上，为什么？"

　　高祖说："你们知道打猎吧？打猎，追杀野兔的是猎狗，而发出指示的是人。你们能够得到猎物，是有功的猎狗；至于萧何，发布指示，是有功的人。"

　　众人都不再说什么。

　　张良是谋臣，也和萧何一样没有战功，高祖让他自己选择齐国，食三万户。

　　张良说："臣最初从下邳起事，在留地见到皇上。是上天把微臣授给陛下的。陛下用臣的计策，有时有幸得中。我愿封留就足够了，不敢要三万户的封赏。"

　　高祖很高兴，就封张良为留侯。

　　高祖又封陈平为户牖侯。

　　陈平推辞说："这不是臣的功劳。"

　　高祖说："我用先生的计谋，克敌制胜，这难道不是功劳吗？"

　　陈平说："不是魏无知，臣怎么能够为陛下效力？"

　　高祖称赞说："像你这样，真可谓不忘本啊。"

　　于是又重赏了魏无知。

三、萧何委曲保全

萧何是最早支持并参与刘邦起事的亲信，在反秦灭楚兴汉的事业中立有大功，刘邦在论功行赏时，将他排在功臣之首，并给了他可以佩剑从容入宫朝见的特殊待遇，以示恩宠。

后来韩信被诬为谋反，当时刘邦率兵出征在外，是萧何为吕后设计除掉了韩信，解除了刘邦心头的一大患，萧何由此从丞相提升为相国，封地增加了五千户，还给了五百名士卒作他的警卫。

朝中大臣无不向他表示祝贺，只有一个叫召平的秦朝遗老独去致哀，对萧何说："你不日将有大祸临头了，如今主上风餐露宿转战于外，而足下坐镇京师，并未立有战功，主上之所以给你增加封地、设置卫队，是由于韩信刚刚谋反，主上对你心存怀疑，以此加以笼络，并非是对你的宠信。请足下让出封赏不要接受，并将自己的家产拿出来资助前方军队，主上必然高兴。"

萧何认为他说的十分有理，依计而行，刘邦果然十分高兴。

又过了一年，英布谋反，刘邦又一次率兵出征，却从前线一再派使臣回京师打听萧何在干什么。萧何以为皇帝出征在外，他便尽心尽责地安抚百姓，筹备粮草，输送前线，如同他多年来所作的那样。又有人对萧何说道："足下不久将有灭族的大祸了。足下如今位为相国，功列第一，官不可再升，功不可再加，可足下自入关中十几年来，甚得民心。如今主上派使臣来打听足下的情形，是担心足下名声太大，对他构成威胁。足下何不到处压价买田，高利放债，使民有怨言？只有如此，主上才会对你放心。"

萧何听从了他的意见这样做了，刘邦果然十分高兴。

当刘邦班师回朝时，老百姓纷纷拦路上疏，状告萧何，刘邦一点也不怪罪萧何，反而将老百姓的状纸交给萧何，笑着对他说："你自己处理去吧！"

由此可见，萧何功成后委曲保全，几度化险为夷。

四、陈馀轻敌

公元前204年，平定了魏地的韩信和张耳率领几万大军，想通过太行山区的井陉。赵王歇和成安君陈馀，就把二十万兵聚集在井陉关的隘口。

赵将广武君李左车对成安君陈馀说："韩信正攻下魏地，其锋锐不可当。但是，我们的井陉关道路非常狭隘，不能使两辆兵车并行，不能使骑兵排成行列。汉军从几百里外而来，他们的粮车一定落在部队的后面，请您拨给我三万奇兵，抄小路去拦截粮车，您深掘战壕，高筑营垒，坚守阵地，不出兵交战。这样，他们往前不能进，向后不能退，我再用奇兵切断他们后路，叫他们没有一点吃的、用的，不出十天，我们就可以得到韩信和张耳的头颅。不然，我们就会成为他们的俘虏。"

陈馀却说："韩信现在的兵力，口头上号称有几万，其实不过几千人罢了！像这样兵力薄弱跋涉千里的疲惫不堪的军队，我们反而避开不打，以后遇到强大的敌人怎么办呢？那么其他的诸侯就会笑话我们怯懦，就会轻易地来攻打我们了。"

且说韩信派人刺探赵军情况，听说陈馀没有按照李左车的计策行事，这才大胆地向那狭长的隘路挺进。在不到井陉口三十里的地方，安营扎寨。半夜里发出突击的命令，挑选两千轻骑，让他们每人携带一面红色汉旗，从近道沿着山路隐蔽行进到赵军军营附近。临行前，韩信对他们说："赵军看到我军败退，一定会倾巢出动追击我军，到那时你们迅疾冲入赵营，把他们的旗帜拔了，换上我军的旗帜。"

接着，韩信派一万人作先头部队，开出营寨，面向赵军，背向河水，排开了阵势。赵军见后，都嘲笑汉军愚蠢。天亮后，韩信率领部分军队开出井陉口隘道。赵军果然全部拉出军队迎击。双方交战了很久，汉军假装败退，赵军全力追击，远离了军营。韩信事先派出的那两千轻骑，早已埋伏在赵营的附近，这时趁机冲入赵营，把赵国的旗帜都拔了，换上了两千面汉军的旗帜。

再说韩信、张耳率军退入背水的军阵之中,因为那里没有退路了,个个拼死作战,赵军一下子不能取胜。打了一阵拉锯战,赵军想收兵回营,可是回头一看,营帐上全是汉军的红色旗帜,大为惊恐,以为汉军已经俘虏了赵王及他们的将领们了。汉军见赵军阵势大乱,趁机两路夹击,大破赵军,杀了陈馀,活捉了赵王歇和李左车。

战斗结束后,有人问韩信:"兵法上说,作战时要背山临水,可是将军却背水为阵,反其道而行,这是什么战术呀?"

韩信说:"这个在兵法上是有的。兵书上说:'必须把军队置于险境,士兵才能奋勇作战,然后可以绝处逢生,获得胜利。'如果把这些平素并没有受过训练的将士安置在可以逃生的地方,他们就都逃走了,怎么还能任用他们作战制乱呢?"

诸将都非常佩服地说:"这真是我们想不到的啊!"

五、徐生预知霍家亡

起初,当霍氏家族日益奢侈骄纵之时,茂陵徐生就说:"霍氏家族一定会灭亡。须知骄侈就会不谦逊,不谦逊就会欺骗主上,欺骗主上,就是走向叛逆的道路。而且,高居众人之上的,众人就会寻机谋害他。霍家独揽朝政的时间太久,寻机谋害他的自然比比皆是。天下人本来就想谋害他,而他们自己又倒行逆施,不遭灭亡,还会怎样?"

于是,徐生就给皇帝奏书说:"霍氏家族的权势太隆盛了,皇上既然钟爱厚待他们,就该随时对他们有所节制,不要使他们走向毁灭。"

三次上疏,他都是只报与皇帝,而皇帝没有反应。

后来霍氏家族由骄横而造反,受到诛灭,告发霍氏家族的人,都得到了封赏。于是,有人特为徐生上疏皇帝说:"小臣听说,有客人到主人家,看见他的炉灶烟囱是笔直的。旁边又放了一大堆柴火,客人便向主人建议,把直烟囱改成拐弯的，把柴火挪远点，否则容易发生火灾。主人不以为然，没有及时采纳。不久，家里果然失火，周围邻里齐来扑救，幸而把火扑灭。于是，主人杀牛买酒，设宴酬谢乡邻在救火中烧得焦头烂额的被安置在上席，其余按其出力救火的情况，依次列坐，却没有邀请建议改造烟囱的人。有人对这位主人说：'当初假如听了客人的建议，就不需要今天杀牛买酒、大排谢宴，就可以避免火灾。如今根据功劳而设宴谢客，而焦头烂额者反为上宾，妥当吗？'主人才忽然醒悟而快邀请先前建议的客人。如今茂陵徐生几次上疏，提到霍氏家族将走向叛逆，应该趁早提防杜绝。当时如果徐生的言论得到采纳，那么，今天国家就不会用土地、爵位封赏功臣的浪费，而霍家也不会有谋反受诛的败亡。过去的意见已经得到证明，而徐生单单不被看成有功而受赏。希望陛下能够鉴察，应该看重改造烟囱、搬开柴禾、防患于未然的妙微，使其功劳列于焦头烂额、临时救火之辈的上面。"

于是，皇上赐给徐生十匹帛，以后又提拔他为郎官。

六、轻敌必败

每一项工作都有其价值所在，不分大小、轻重，唯有认真对待，才不会前功尽弃。下面的故事也许会对你有所启发：

小冯与小黄竞争部门经理一职时竟然输在一纸总结上。小冯爱好文学，发表文章不少于百万字，又有5年的文秘工作经历，知道他的人都认为他写的总结会比小黄好。

公司部门经理跳槽没几天，总经理就把小冯和小黄叫进了办公室，直奔主题地说："根据你们平时的表现，你们当中的一员将是新的部门经理，请你们这几天交一份自己的业绩工作总结报告上来。"

小冯当然有意部门经理之职，可又觉得这份总结有些多余。本人表现如何？业绩如何？写与不写都在那里摆着呢！自有公论。于是写总结也就不太用心，几句话完成，但为了表现自己的文采，用词造句还是斟酌了一番。

就在小冯上交了总结后,小黄请小冯吃夜宵,求小冯帮他修改总结。他讨好说:"老兄,都知道你的文笔非常好,这忙你一定要帮我。"小冯说:"咱们是对手,你就不怕我把你的总结越写越差。"小黄笑嘻嘻地说:"你老兄不是这种人,我知道的。"经不住小黄的高帽,小冯真答应了。接过小黄的厚厚初稿,小冯吓了一跳,这家伙这么用心呀。但很快小冯就释然了:跑业务的人总结真这么重要吗?不至于吧!于是坦然答应帮小黄润色总结,可是在修改总结时他觉得这是一件令人后悔的事,因为小黄的文字太差了,而小冯又想显示自己,经过近一个星期的修改,小黄终于把小冯修改好的总结交了上去。

几天后,公司宣布小黄晋升为部门经理。散会后,总经理把失落的小冯叫到他的面前说:"无论从哪方面,我都看好你的,也多次在老板面前推荐你,可这次你却输在一份总结上。"见小冯嘴巴张得老大,总经理说:"老板看了你们两人的总结后,决定要提升小黄,小黄的总结找出了自己工作中的问题症结,制订出有效的计划,比你那份好多了。"

小冯想告诉总经理,小黄那份总结花了他多少脑细胞,但话到嘴边又吞了回去。小冯知道自己不是输在一份总结上,自信写文案总结肯定比小黄内行,但他输在对事情的认识上,认为小事一桩,没有好好地去写总结。如果当初知道这份总结这么重要的话,也许……他的心理失去了平衡,而这种失衡源于他没有很好地平衡与竞争对手的力量,以为自己业绩比对手强。小黄不同,他知道自己的业绩不如小冯,但他想在总结上突破,并利用小冯的特长完善总结,结果他胜了小冯,当上了经理。

老子以"天之道"和"人之道"作对比,突出"天之道"的博大和"人之道"的渺小。进而主张"人之道"要效仿"天之道"。"天之道"的特点是"高者抑之,下者举之,有余者损之,不足者补之。"在讲"天之道"时,老子使用的是比喻的手法,老子将"天之道"比喻成张开的弓箭,张开的弓箭是为了射捕猎物,要随着猎物的位置的移动而改变,高了压低它,低了抬高它。有余的就减少,不足的加以补足。所以"天之道"就是减少有余而补充不足。老子在讲完"天之道"后并没有停下,而是很自然地引出了"人之道"。"人之道"和"天之道"恰好相反。"人之道"是"损不足以奉有余"。老子反对这种人间法则,他认为只会造成贫富不均和权利的不平等,古人说:不患贫而患不均,不患寡而患不安。不均是一切祸乱产生的根源,大自然的法则是追求平等,所以它能长存;而人间的法则是不平等，所以人心才会不安，才会有动乱的发生。

"是以圣人为而不恃，功成而不处，其不欲见贤。"老子把圣人的所作所为做典范，圣人决不会将自己推到溢满的地位，他们会将自己多余的部分分给不足的人，而决不炫耀，而是适当地贬损自己，始终保持谦和、恭敬、卑下的德行。圣人有所作为而不据为己有，有功而不居功自傲。

七、在拐弯处谨慎小心

很多人羡慕那些将车开得飞快的人，觉得那种风驰电掣的感觉能够给人带来一种神驰目眩的感觉，德国车王舒马赫却不这样认为。

他在回答记者提问时说："我继续从事这项运动还有其他目的，我希望能够达到这样一种境界：让这项运动超越国界，超越一切界限，甚至超出人们想象的极限。"

不过舒马赫并不是那种喜欢拿自己生命开玩笑的莽夫，他追求的只是速度的极限，但并不是生命的极限。"从理论上来说，车手的任务就是将车的各项技能发挥到极致，但不是将自己的生命也燃烧到极致。所以每当遇到弯道或者有人发生事故的时候，我都会减慢速度，因为我知道，这一定就是那个地段的极限了，我不可能再超越他们。不过为了体验到赛车的性能极限，我总是将车速提升到看起来根本不可能达到的一种速度，但我始终要为自己的生命负责。"

老子不仅是哲学家、思想家、政治家，也是军事家。他主张在不得已的战争中，要以退为进，切忌轻举进攻。这也是老子的无为思想在军事中的具体运用。

在老子看来，主动出击去侵略别人，其本身在道德仁义上就输给了别人。因为我们主动出击，对方就为正义而战，人都是有正义感的，对方的民众因我们的贸然进攻而心怀愤怒，其战争的积极性就会提高，其还击的力度就会很大，这对我们是极其不利的。相反，如果我们守而不攻，给对方主动出击的机会，我方的士兵就会愤然还击，制敌于败局。主动进犯别人微不足道的一寸，都会被对方视为凌辱，就会有遭受反击的可能，所以主动进犯别人应极力避免；如果我们能够主动后退一尺，我们表现出的是谦让和宽容的美德，虽然仅为微不足道的一尺，却会感化对方，使对方也以退让相待。

　　老子在这里强调，无为不是什么也不做，不是骄傲轻敌而不做应战的准备。骄傲轻敌的人必败无疑，这对我们也有启发，不论在任何领域，骄傲自大轻视他人都是违反客观规律的行为，都会受到惩罚。

　　老子最后说"哀者胜矣"，点明了自己的主旨，这里的"哀"不是悲哀，而是心怀仁慈的意思，老子认为应在战争中怀着一颗仁慈的心，只有怀着一颗仁慈之心，才能在战争中不滥杀无辜的生灵，这种审慎的态度是对生命的尊重，也是对自己的尊重。

第三章
善于向一切人学习

老子认为，要善于向一切人学习：好的人是你的老师，不好的人也可以是你的借鉴。所以，不仅向好人学习，而且还要向不好的人学习。向不好的人学习，不是学坏，而是吸取教训，把坏人作为一面镜子，不使自己犯同样的错误。

一、有关道、名、有、无等概念

道，是老子要说的核心问题之一，它在天地未生成以前就存在于浩瀚的宇宙中，当天地生成以后，道就在万事万物中发挥着自身的作用，贯穿于万物生成、生长、发展、消亡的始终，作为一种自然规律客观地存在着。

提起道，我们不免会在头脑中想象它的模样，然而我们的想象带有很大的局限性和主观性，真正的道是不以人的主观意识为转移的，它是客观存在的，但又看不到摸不着，正所谓"大道无形"，我们主观想象出的道的样子，不是真正的道。只能称得上"名"，"名"这个概念也是不能用语言和文字来描述形容的，语言文字的局限性比想象的局限性更大，如果用语言文字来描述大道，只能与大道背道而驰。不能用语言又不能用文字来描述大道，那如何才能认识大道呢？

我们可以采用概念和语言，即"有"和"无"这两个"名"。

"有"是存在的意思，它代表一种正在孕育万物的状态，是万物的生母，即万物是从"有"中孕育生产出来的。"无"，是没有的意思，代表天地还没有生成以前的混沌状态，说明天地是从无中生出来。

我们可以将"道"理解为一种"无"的状态，一种"有"的能力。它的本源是"无"，却可以生出天地万物。正是如此，我们可以采取"无"的态度去体认大道的玄妙，大道的原始是空无，我们要想体认大道，就必须抛却所有的杂念，将自己恢复到毫无思想意识的时期，达到一种完全虚无的境界，只有这样，我们才能真正体悟到大道的奥妙。

"无"和"有"是两个我们必须把握的概念，它们是打开"众妙之门"的钥匙，只有通过它们，我们才能领悟大道的实质。

所谓"恒有"，就是一种永恒的有，也叫"大有"，与此相对应，"常无"就是一种永恒的无，或叫"大无"。

我们可以通过这种忘却自我一切的"大无",体悟到天地初生时的"妙";通过这种包容万物的"大有",观察到万物未生前的"徼"。

在这里,不论是"妙"还是"徼"都只是对宇宙大道中的某一状态的描述,停留在概念这一层面上,都是"名"。"妙"在前而"徼"在后,概念不同,但它们都是由大道生出来的,都是对大道的发展和变化,同称为"玄"。

"玄"的意思是转变。变化来变化去,就构成了天地万物的"众妙",这里的"妙"与"观其妙"的"妙"本质意义不同,"观其妙"的"妙"表现的是万物中的生机,而"众妙"的"妙"表现的是天地未生前的生机。

老子在文中着重讲了这样几个概念:道的概念、名的概念、有和无的概念、妙和徼的概念、玄的概念。

二、不言之教

名叫知的人在玄水边遇见无为谓。

知问无为谓:"怎样思索考虑才懂得道?怎样置身处事才安于道?用什么方法,取什么途径才得到道?"

一连问了三次,无为谓都不回答。

在白水边,知登上狐阕山丘,看见狂屈。知便问狂屈。

狂屈说:"我知道,可正要告诉你,又忘掉了。"

知回到帝宫,又问黄帝。黄帝说:"无思无虑才懂得道;无所置身、无有所事才安于道;没有方法、没有途径才获得道。"

知又问:"我和你知道道,无为谓、狂屈不知道道,究竟哪个是?"

黄帝说:"无为谓是对的,狂屈有些接近,我和你离道还远得很。知道道的不说,说的便是不知,所以圣人施行不言之教。道在自然,不可言得,德在无心,不可行至。而仁是可以作为的,义是可以亏残的,礼是相互作假的东西。所以说失去了道,而后有德;失去了德,而后有仁;失去了仁,而后有义;失去了义,而后有礼。礼是道外化的华伪,是祸乱的开端。因而求道就必得一天比一天减少华伪,减少了再减少,直到无为,无为就无不为了。如果有为,就成就为外物,这时再想返回本源虚无,那就难了!人的生命是气的积聚,死亡是气的消散,了解变化之道,就不以死生为异,而把万物看为一体。你把喜欢的看为神奇,把厌恶的视作臭腐,而在另外人的眼中,臭腐又化为神奇,神奇又化为臭腐,所以整个天下都通同于一个气,体遭圣人珍贵同一。"

知又问黄帝:"我问无为谓,无为谓不回答,并不是不回答,而是不知道。我问狂屈,狂屈心想告诉却不告诉,并不是不告诉,而是心中要告诉的被忘了。我现在问你,你知道道,怎么说离道很远呢?"

黄帝说:"我和你终究离道很远,因为我和你知道了道。"

三、智伯瑶害人害己

战国时期,掌握了晋国大权的四家大夫——智伯瑶、赵襄子、魏桓子和韩康子之间发生了矛盾。开始,智家自恃势力强大,胁迫其他三家各交出方圆一百里的土地及其户口。虽非心甘情愿,魏、韩两家不得不勉强按要求交出了土地及其户口,只有赵家以维护先人的祖业为由,拒绝交出属于自己的这一部分势力范围。

智家就胁迫魏、韩两家,一起发兵攻打赵家。赵襄子率领兵马坚守在晋阳城内,因城内粮草武器充足,又获得百姓的支持,三家兵马将晋阳围困了两年多,也没有能把晋阳攻下来。后来,智伯瑶想了主意,让士兵将晋水改道,直冲晋阳城,将大半个晋阳城池淹没了,但晋阳城内的农民,依然不肯投降。

看见城破在即,得意忘形的智伯瑶,无意中说出了在日后必要时,同样要用水来攻打魏、韩两家的话。此语令魏桓子和韩康子如坐针毡、不寒而栗，唇亡齿寒的现实，终于促使魏、韩两家反戈一击，联合被围困在晋阳城内的赵家兵马，将晋水引入智家的营寨，向智家的兵马发起了猛烈的反攻，杀了智伯瑶，将智家的全部财产、土地和户口，按三家各一等份平分了。

若干年后，这三家的后代废了形同虚设的晋国国君，形成了韩、赵、魏三国，这也就是历史上的"三家分晋"。

智伯瑶的失败，不仅是军事与政治上的失败，更是处世方面的失败，他以恃强欺弱开始，以自取灭亡结束。另外，智伯瑶最先想到了用无坚不摧的水来围攻顽强抵抗的赵家军兵，殊不知，这个方法被后来联合起来的赵、韩、魏三家借了过去，柔弱的水也就成了三家最后战胜智伯瑶的不可或缺的法宝。

四、公仪伯看透事物本质

有个叫公仪伯的人，以力气大而闻名于诸侯。堂溪公把公仪伯的情况告诉周宣王，周宣王便备下礼品去请公仪伯。

公仪伯来到后，看外貌，像个懦夫。

周宣王越看越怀疑，忍不住想打探个究里，便问公仪伯说："你的力气究竟怎么样？"

公仪伯说："我的力气可以折断春天螽斯的大腿，可以举起秋天知了的翅膀。"

周宣王一听，脸色难看地说："我的力气能够撕开兕牛的皮，拖住九条牛的尾巴，还为自己力气小而感到遗憾！你，你，你就这点大的能耐，却以力气大而闻名天下，这是什么道理呀！"

公仪伯长长叹了一口气，离开自己的位子，站到一边说："你问得好，让我把实话告诉你。我的老师有个名叫商丘子的，他的力气天下无敌，只是没有人知道，包括他的六亲也不了解，因为他从来就没用过。我忠心耿耿，至死不渝地侍奉他，他告诉我说：'一个人要想看见别人看不见的，就要去看别人并不窥视的东西；要想得到别人得不到的，就要去干别人所不干的事。所以学看东西，就要看满车柴草，学听东西，就要先听撞钟。就是学一般人所不看、不听的。一般人看纤小的东西，听微细的声音，只能锻炼视力、听觉，而你看大目标、听大声音却可掌握如何看、如何听，这是看和听最内在的东西。掌握了内在的，于外在的就没什么困难了。'我现在名闻天下，有违老师的教诲，显示自己的力气，大有不该！不过我力气大的名声并不在于我凭借力气，而是我善于使用力气，这不比凭借力气要强吗？"

五、燕昭王以退为进

　　燕国攻打齐国，齐国的大部分地区都被燕军占领时，唯有莒和即墨二座城市尚未攻下，乐毅于是集中了右军和前军围莒城，集中了左军和后军包围即墨。

　　乐毅围攻二城，用了一年多的时间也没有攻克，便下令解除围城之兵，后退城外九里处扎下营垒，并号令全军说："城中的百姓出来不要抓捕，有困饿的还要赈济，让他们各操旧业，以安抚新占地区的百姓。"

　　过了三年，二城还是没攻下来。

　　有人在燕昭王面前进谗言说："乐毅智谋过人，前些时候在进攻齐国时，一口气便攻克了敌人七十余座城池。现在仅剩下两座城未被攻下，不是乐毅没有能力拔除这两座城，之所以三年不去攻取，是因为他想倚仗自己的兵威来收服齐国的人心，以利于自己面南称王而已。如今齐国人心已服，他之所以至今还不行动，是因为妻子、儿子尚在燕国。再说，齐国的美女很多，他早晚是要忘掉自己的妻子。希望大王早作防备！"

　　燕昭王听罢此言，下令准备盛大的酒宴，在宴会上，燕昭王拉出进谗言的人斥责道："先王在全国范围内以礼义对待贤明之士，并非为了多占有土地留给自己的子孙。他不幸遇到了缺少德行的继承人，不能完成大业，致使国内人民不愿意顺从，无道的齐国趁着我们国家混乱之际得以残害先王。我即位后，对齐国痛恨入骨，所以才广泛延请群臣，对外招揽宾客，以求报仇；如果有人能助我成功，我愿意同他共享燕国大权。如今乐毅先生为我打败齐国，铲平了齐国的宗庙，报了旧仇，齐国原本就应该归乐毅先生所有，而不是燕国应该得到的。乐毅先生如果能够拥有齐国，与燕一起成为平等的国家，结成友好邻邦，共同抵御各国的侵犯，这正是燕国的福气和我的心愿啊！你怎么敢对我说这些谗言呢！"

于是将进谗言者处死。又赐给乐毅的妻子以王后服饰，赐给乐毅的儿子以王子服饰。并配备了车驾乘马及上百辆的马车，派宰相奉送到乐毅那里，立乐毅为齐王。乐毅非常恐慌，坚决推辞不受并一再拜谢，写下誓言，以死报效燕王。从此，齐国人敬佩乐毅的德义，诸侯各国也敬畏他的信誉，没有人再敢来攻打燕国。

六、孔镛平定峒人

明孝宗年间，孔镛被任命为田州知府。到任才三天，州内的军队全都被调动到别处去了。这时，峒族人突然进犯州城，情况危急。

孔镛问大家该怎么办，众人都提议关起城门来固守。孔镛却说："这座城孤立无援，内部又空虚，守城能坚持几天？只有因势利导，用朝廷的恩威去说服他们，也许他们就会自动退兵。"

大家都觉得这样做很难成功，不过是新到任太守的高谈阔论。

孔镛说："不这样，我们又能做些什么？难道就在这里束手待毙吗？"

"就算这样，可谁去合适呢？"

他们都清楚峒人的习性，他们不会按照汉人的规矩办事，一不高兴，不管什么来使不来使，先杀了再说。

"当然是我去。"孔镛说，"我是这里的太守，我不去，谁去？"

"大人，不可呀！"众人齐声劝阻。但孔镛已经命人备马，吩咐打开城门放他出去。

城门打开了，城外的围兵以为是军队出来交战，却只见一个当官的，骑着一匹马慢腾腾地走出来，没有兵，只有两个随从牵着马。

峒人大声喝道："什么人，你是来送死的吗？"

孔镛说："我是这里新来的太守，我要见你们的头领，请带我到寨子里去。"

峒人带着孔镛进入林子，孔镛的随从就已溜掉了一个。等到进入峒人的地界，另一个从人也不知什么时候溜了。到了首领的寨子，峒兵列出刀枪，让孔镛从下面经过。

孔镛站在寨子里，看着站在一边的峒人首领说：

"我是新来的太守，是你们的父母官，请拿座位来，你们也好参见。"

首领一摆手，下面人就把一个坐榻放在地中间。

孔镛坐下，又说："各位请靠前些吧。"

众人不知不觉向前靠了几步。

峒人首领问："你叫什么？"

孔镛说："我姓孔，就叫我孔太守吧。"

首领惊奇地问："你姓孔，是孔圣人的子孙吗？"

孔镛回答说是，这些峒人都一齐下拜。

孔镛对大家说："我本知你们是良民，但由于饥寒所迫，才聚集在这里，求得个免于一死。前任官员不体谅你们，动不动就用军队来镇压，想把你们剿尽杀绝。我现在奉朝廷的命令来做你们的父母官，我把你们看成是晚辈，怎么忍心杀害你们呢？你们如果真能听从我的话，我将宽恕你们的罪过。你们可以送我回州府，我把粮食、布匹发给你们，你们以后就不要再出来抢掠了。你们如果不听从我的话，可以杀掉我，但是接着就会有官兵向你们兴师问罪，一切后果就由你们来承担了。"

峒人被孔太守的胆量惊呆了，说："要是真的像您说的那样体恤我们，在您任太守期间，我们绝不再骚扰进犯州城。"

孔镛说："我一言为定，你们又何必多疑？"

于是，众人再次拜谢。

孔镛住了一晚，第二天孔镛回到州城，送给峒族人许多粮食布匹，峒族人道谢而归。后来峒族人就不再做扰民的事了。

七、逆反心理

面对难缠的人，最好不要直言相斥，可以利用其逆反心理让其不攻而退。

一个刚退休的老人回到家里，在一个小城买了一座房住下来，想在那宁静地打发自己的晚年，写些回忆录。

开始的几个星期，一切都很好，安静的环境对老人的精神和写作很有益，但是有一天，三个半大不小的学生放学后开始来这里玩，他们把几只破垃圾桶踢来踢去，玩得不亦乐乎。

老人受不了这些噪声，于是出去跟孩子们谈判："你们玩得真开心，我很喜欢看你们踢桶玩，如果你们每天来玩，我给你们三个每天每人一块钱。"

三个孩子很高兴，更加起劲地表演他们的足下功夫。过了三天，老人说："通货膨胀使我的收入减少了一半，从明天起，我只能给你们5毛钱。"

孩子们很不开心，但还是答应了这个条件。每天下午放学后，继续去进行表演。一个星期后，老人愁眉苦脸地对他们说："最近没有收到养老金汇款，对不起，每天只能给两毛了。"

"两毛钱？"一个孩子脸色发青，"我们才不会为了区区两毛钱浪费宝贵时间为你表演呢，不干了。"

后来，孩子果然没再玩踢桶的游戏，老人的生活终于又恢复了安宁。

八、失去勋章的科学家

8世纪瑞典化学家塞勒在化学领域做出了卓越贡献，可是瑞典国王毫不知情。

有一次在去欧洲旅行的旅途中，国王才了解到自己的国家有这么一位优秀的科学家，于是国王决定授予塞勒一枚勋章。可是负责发奖的官员孤陋寡闻，又敷衍了事，他竟然没有找到那位全欧洲知名的塞勒，却把勋章发给了一个与塞勒同姓的人。其实，塞勒就在瑞典一个小镇上。作为药剂师的塞勒，他知道要给自己发一枚勋章，也知道发错了人，但他只是付诸一笑，没有把它当回事，仍然埋头于化学研究之中。

塞勒在业余时间里用极其简陋的自制设置，首先发现了氧，还发现了氯、氨、氯化氢，以及几十种新元素和化合物。他从酒石中提取酒石酸，并根据实验写成两篇论文，送到斯德哥尔摩科学院。科学院竟以"格式不合"为理由，拒绝发表他的论文。

但是塞勒并不灰心，在他获得了大量研究成果以后，根据这个实验写成的著作终于与读者见面了，后来也当选上了瑞典科学院院士。

塞勒的行为正体现了老子的"道"。

老子认为，大道的德性就是循环往复和柔弱顺应，宇宙万物由道而生，自然应该合乎大道的德性，才能得以正常生长和运行，一旦违背道的德性就无法得以运行，就会被淘汰出局。人是万物中的一员，处于宇宙万物中就如同滴水藏海一般，是那么微不足道，我们只要顺应自然之道，明晓生死皆自然，就能活得自然、坦然。

九、荣誉与玩具

一天，居里夫人的一个朋友来到她家做客，忽然看见她的小女儿正在玩英国皇家学会刚刚奖给她妈妈的一枚金质奖章，大吃一惊，忙问："居里夫人，现在能够得到一枚英国皇家学会的奖章，这是极高的荣誉，你怎么能给孩子玩呢？"

居里夫人笑了笑说："我是想让孩子从小就知道，荣誉就像玩具，只能玩玩而已，绝不能永远守着它，否则就将一事无成。"

躺在成就上，就像行者躺在雪地里一样危险，会在昏昏沉沉的熟睡中死去。对于一个人来说，他的最大的敌人就是满足自己的成功，谁在成功之后又征服了自己，谁就赢得了两次胜利。

善于行动的人，绝不会留下对自己不利的迹象，他们善于掩盖自己的行迹，达到自己行动的目的。在《三十六计》中第一计叫瞒天过海，意思就是将自己的行迹隐蔽起来，瞒过别人的眼睛。这一计谋不仅适用于军事领域，而且适用于生活、处世、经商等各个领域。在实际应用中，就体现为善于隐蔽自己的迹象，巧妙地瞒过别人的眼睛，绝不是大张旗鼓，生怕别人不知道，在行动中始终保持高度警惕性和敏感性。

在社会生活中，我们要和别人进行语言交流以表达自己的观点和想法，在进行交流的时候，怎样才能既充分表达了自己的观点又不会留下一些漏洞让人指责，这很重要，却不是每个人都能做到。完美表达自己的观点，而又不被人挑出漏洞的人才是真正会说话的人。其实遭到别人的误解和非议，原因是多方面的，其中最主要的一点就是言多语失，我们往往会因为多说话而出现过失。所以，真正会说话的人不是滔滔不绝的人，而是能说到点子上、逻辑又严密的人。

我们知道有一种人善于心算，他们不需要借助任何计算工具就能准确地计算出结果来。这种人可以默记一些事物的各种变化，从各种变化中寻

求到适合自己理想的生存方式和状态，这种用心默识、默算的处世态度是老子处世哲学的一部分。

真正会封闭的人是不需要利用锁和闩的，这里的封闭具有积极意义，不是我们平常所说的封闭自己不求更新，而是为了防止同类残害而不得不采用的一种手段，是为了保护自己的需要。

不用绳索就能将人牢固地捆绑起来，是高明的捆绑者。在这里也是一种手段的比喻，借指对事物的掌控能力。而这种掌控能力的获得，是一个人能够聪明行事的结果。

第四章
物极必反的智慧

当我们往一个杯子倒水的时候，若水量大于杯子的容量，水就会溢出来。锋利的剑，它又尖又锐，锋芒毕露，然而锋刃易卷，再磨再损，不久就会被人抛弃，因而老子说越尖锐的东西，越不会长久保存。这些现象都很好地诠释了物极必反的道理，启示我们要适可而止，进退有度。

一、张良功成身退

张良、萧何、韩信被称为汉三杰，刘邦曾说："运筹帷幄之中，决胜千里之外，吾不如张良；镇国家，抚百姓，给饷馈，吾不如萧何；连百万之众，战必胜，攻必取，吾不如韩信。三者皆人杰，吾能用之，此吾所以取天下者也。"然而这三个人的结局却大不一样：韩信功成身诛，萧何功成身显，只有张良功成身退。

张良是刘邦的心腹谋臣，在楚汉相争的一些关键时刻，正是他的奇谋妙策，使刘邦一次次转危为安，反败为胜，对于西汉的建立，他立下了不可磨灭的功勋。当大封功臣时，刘邦亲自提议封他三万户，让他在丰饶的齐地自行选择所需要的封地。这相当于一个王爵的封赏，而张良却婉谢了，只要了刘邦故乡附近的一个小小的留县，他最初和刘邦便是相会于此的。

待到天下大势已定，刘邦已经坐稳江山时，他却称病不朝，杜门谢客，学起道家那一套辟谷导引之术，并宣称自己"以三寸之舌为帝王之师，封万户侯，此布衣之极，我已十分知足了；从今以后，愿全弃人间事物，追随古代神仙而去！"便再也不愿参与朝政之事了。

二、袁了凡的故事

明朝有个袁了凡先生，通过他一生修身养性改变命运的亲身经历，写下了著名的《了凡四训》告诫后人。

了凡先生幼年丧父，依从母亲的希望弃学从医。有一次了凡采药路过慈云寺的时候，遇到一个鹤发童颜的孔老先生。老先生劝了凡先生求功名走仕途，并给了凡先生算命，说他能够考上秀才的最高级别，官可以做到四川的一个县令，没有后代，只能活到53岁。

了凡按照孔先生的建议开始弃医求学，果然考取秀才，后来的经历都被孔老先生一一言中。了凡先生开始相信命运了。既然命运都是天定不能改变了，还有什么可奋斗的？从此开始消沉了。

公元569年，了凡先生到栖霞山拜访云谷禅师，对坐一室，三昼夜不瞑目，没有任何杂念。

云谷禅师非常惊奇，问他："静坐三日，为什么没有任何杂念？"了凡就一五一十地把孔老先生给他算命的事告诉了云谷禅师。

云谷禅师说："太甲曰：'天作孽，犹可违；自作孽，不可活。'诗云：'永言配命，自求多福。'孔老先生算你不能登科第，没有后代，这是人的命运，就叫做'天作孽'，这是可以通过努力改变的；你要修炼道德，多行善事，多积阴德，这些都是你自己所积的善德，哪有得不到回报的？"

了凡深受启发，决定行善事三千件，记录善事与不善事，每做一件不善事，就要抵消一件善事。

公元570年科举考试，孔老先生算他应该考第三名，结果考了第一名，命运已经开始改变了。后来又喜得贵子，考中进士，被朝廷任命为河北省宝坻县县长。过了七年升拔为兵部"职方司"的主管人。

袁了凡先生将自己所经历，改造命运的种种考验，告诉他的儿子：要不被命运束缚住，并且应竭力行善，"勿以善小而不为"；也必须努力断恶,"勿以恶小而为之"。如此,则一定可以改变自己的命运。

三、大彻大悟的曾国藩

曾国藩九江一战,被石达开打得大败,苦心经营的水师全军覆灭。曾国藩投湖自杀,被部下救起。恰逢他的父亲去世,曾国藩回家守孝。从此他一蹶不振,骨瘦如柴。

一天他的弟弟告诉他,有个老和尚看病很准,不妨一试。老和尚听说来人是曾国藩,连面都没见,写了一张纸条给他。曾国藩打开一看:"黄老治心病。"曾国藩心想:"尽管《道德经》我都会背诵,也不妨好好研究一下。"

曾国藩回到荷叶塘,关起门来,一遍又一遍,反反复复地读着《道德经》。果然重读后,似觉字字在心,句句入理,与过去所读时竟大不相同。

曾国藩早在雁门师手里就读过《道德经》。这部仅只五千言的道家经典,他从小便能够倒背如流。进翰林院后,在镜海师的指点下,他再次下功夫钻研过它。这是一部处处充满着哲理智慧的著作,它曾给予曾国藩以极大的教益。类似于"合抱之木生于毫末,九成之台起于累土,千里之行始于足下"等格言,他笃信之,谨奉之,而对于该书退让、柔弱、不敢为天下先的主旨,仕途顺遂的红翰林则不能接受。

那时的曾国藩一心一意信仰孔孟学说,要以儒家思想来入世拯世。对自身的修养,他遵奉的是"天行健,君子以自强不息",对社会,他遵奉的是"以天下为己任"。也正是靠的这种持身谨严,奋发向上,关心国事,留意民情,使得他赢得了君王和同僚的信赖,在官场上春风得意,扶摇直上。

咸丰二年间,正处于顺利向上攀援的礼部侍郎,坚定地相信"治乱世须用重典"的古训以及从严治军的必要性,遂由孔孟儒家弟子一变而转为申韩法家之徒。他认为自己奉皇上之命办团练,名正言顺,只要己身端正，就可以正压邪，什么事都能办得好。谁知大谬不然！这位金马门里的才子、六部堂官中的干吏，在严酷的现实中处处碰壁，事事不顺。

这一年多来，他无数次痛苦地回想过出山五年间的往事。他始终不能明白：为什么自己一身正气，两袖清风，却不能见容于湘赣官场？为什么对皇上忠心耿耿，却招来元老重臣的忌恨，甚至连皇上本人也不能完全放心？为什么处处遵循国法、事事秉公办理，实际上却常常行不通？他心里充满着委屈，心情郁结不解，日积月累，终于酿成大病。

这些日子，在实实在在的民事军旅中亲身体验了许多次成功与失败的帮办团练大臣，通过细细地品味、慢慢地咀嚼，终于探得了这部道家经典的奥秘。这部貌似出世的书，其实谈的全是入世的道理。只不过孔孟是直接的，老子则主张以迂回的方式去达到目的；申韩崇尚以强制强，老子则认为"柔胜刚，弱胜强"，"天下之至柔，驰骋天下之至坚"。"江河所以为百谷王者，以其善下之。"这句话说得多么深刻！老子真是个把天下竞争之术揣摩得最为深透的大智者。

曾国藩想起在长沙与绿营的龃龉斗法，与湖南官场的凿枘不合，想起在南昌与陈启迈、恽光宸的争强斗胜，这一切都是采取儒家直接、法家强权的方式。结果呢？表面上胜利了，实则埋下了更大的隐患。又如参清德、参陈启迈，越俎代庖、包揽干预种种情事，办理之时，固然痛快干脆，却没有想到锋芒毕露、刚烈太甚，伤害了清德、陈启迈的上上下下、左左右右，无形中给自己设置了许多障碍。这些隐患与障碍，如果不是自己亲身体验过，在书斋里，在六部签押房里是无论如何也设想不到的，它们对事业的损害，大大地超过了一时的风光和快意！

既然直接的、以强对强的手法有时不能行得通，而迂回的、间接的、柔弱的方式也可以达到目的，战胜强者，且不至于留下隐患，为什么不采用呢？少年时代记住的诸如"大方无隅""大音稀声""大象无形""大巧若拙"的话，过去一直似懂非懂，现在一下子豁然开朗了。这些年来与官场内部以及与绿营的争斗，其实都是一种有隅之方，有声之音，有形之象，似巧实拙，真正的大方、大象、大巧不是这样的，他要做到全无形迹之嫌，全无斧凿之工。

"人之生也柔弱，其死也坚强，草木之生也柔脆，其死也枯槁。"天下万事万物，归根结底，莫不是以至柔克至刚。能克刚之柔，难道不是更刚吗？祖父"男儿以懦弱无刚为耻"的家训，自己竟片面理解了。曾国藩想到这里，兴奋地在《道德经》扉页上写下八个字："大柔非柔，至刚无刚。"他觉得胸中的郁结解开了许多。

曾国藩为自己的这个收获而高兴，并提起笔，郑重其事地记录下来：静中细思，古今亿百年无有穷期，人生其间数十寒暑，仅须臾耳，当思一搏。大地数万里，不可纪极，人于其中寝处游息，昼仅一室，夜仅一榻耳，当思珍惜。古人书籍，近人著述，浩如烟海，人生目光之所能及者，不过九牛一毛耳，当思多览。事变万端，美名百途，人生才力之所能及者，不过太仓之粒耳，当思奋争。然知天之长，而吾所历者短，则忧患横逆之来，当少忍以待其定；知地之大，而吾所居者小，则遇荣利争夺之境，当退让以守其雌。

经过这番痛苦锻炼的曾国藩相信，他必能以更为圆熟的技巧、老到的功夫，在东南这块充满血与火的政治舞台上，演出一幕迥异往昔的精彩之剧来。

大彻大悟的曾国藩，展现于世人的再也不是当年那个桀骜不驯、凶神恶煞的"曾剃头"了。为使自己的学生李鸿章更好地发挥才干，曾国藩宁愿让出自己的位置；为联络旷世奇才左宗棠，曾国藩情愿把自己比作"雌"，把左宗棠比作"雄"。曾国藩是用"心"一举打败了洪秀全。打败洪秀全以后，曾国藩毅然解散了他苦心经营的军队。

后人都非常推崇曾国藩，推崇他"上善若水"的心境。

道学崇尚"水"、崇尚"不争"、崇尚"柔弱"、崇尚"无为"、崇尚"无私"。听起来很深奥，从道学演变出来的"武学"，诸如"太极""八卦"等拳法就可以看出，没有哪一种是进攻的，全部是防守。在防守中寻找对方的弱点，再借攻击者的力量来攻击其弱点，以守为攻才是其奥妙所在。无论做人还是处世，要想把防守做到家，没有"上善若水"的心态，是做不到的。也就是说：道学是修炼心境的。

老子要求我们修炼道德心境要达到："坚忍不拔，持之以恒；致阴致阳，致柔致刚；涤除杂念，专心致志；顺其自然，无为而治；大智若愚，虚怀若谷；无知无欲，通达四方。"这是何等致高致远的境界啊！

如果帝王能够达到这种心境，老百姓就尊称他们为"真命天子"。然而，即便是开创了"贞观之治"的李世民，也发动了玄武门之变；开创了"开元盛世"的李隆基，也沉迷酒色；开创了"康乾盛世"的康熙大帝，也逼反了吴三桂。

"金无足赤，人无完人"，我们不能对任何人求全责备，但是我们可以按照老子给我们指明的修炼心境的标准来修炼自己。修炼自己的心境，不仅可以使自己超凡脱俗，还可以改变命运。

四、曾国藩的修身养性之道

阅读《曾国藩的家书》，这些写给他的父母、夫人、兄弟、儿子等人的家书，涉及修身、教子、持家、处世、为政、治军等多方面的内容，而修身养性，也是曾国藩颇加详论的。

曾国藩的修身养性思想，来源于他所恪守的圣哲前贤的理论和典籍，也是他阅世日久积累的经验。

如何修身养性？曾国藩提出了四点：一是，"慎独"，认识善恶，进行道德自省，心中安泰，清心寡欲；二是，"主静则身强"，一个人无论内外，皆须庄重宁静，对修身养性来说，就是"能固人肌肤之会筋骸之束"；三是，"求仁则人悦"，胸怀万物，顺应天地之理；四是，多习于勤劳，少安逸享乐，因为勤劳使人长寿，安逸使人早亡。

另外，修身养性的另一途径，是读书养我浩然之气。做到心中坦然，精神愉快，这是人们普遍修身养性的经验，是长寿的最好的秘诀之一。而要做到精神的愉悦和满足，当追求"以光辉灿烂的事物充满人心的学问，如历史、寓言、自然研究皆是也"。曾国藩多次强调这种读书对养心的作用。

他的两个儿子纪泽、纪鸿体质薄弱，曾国藩劝他们多读并多摹颜字之《郭家庙》、柳字之《琅琊碑》和《玄秘塔》，希望以其丰腴的墨气、坚忍的骨力，充实他们的生命气质。他还希望他们在吟诗作字、陶冶性情时，学习陶渊明、谢朓的冲淡之味、和谐之音、潇洒胸襟……这也就是说，以文化的力量，潜移默化地影响人的精神世界，再经由精神影响人的物质世界，达到修身养性的目的。

曾国藩的中厅堂悬挂有八本堂匾，其跋云："养生以少恼怒为本……"这种修身养性思想是他多次在家书中强调的，与兄弟说，与儿女说，可见曾国藩的重视程度。曾国藩的儿子纪泽患有肝郁之症，曾国藩在给其弟的信函中指出，他的沅弟盛年肝火旺盛，还说自己"渐衰老，亦常有勃不可遏之候"。这应该是他多次劝告亲属注意惩愤（少恼怒）的直接原因。易生恼怒，不止是一般人的情感态度，就是历史上的"多少英雄豪杰打此两关不过"，这是一个需要吸取的教训。所以，曾国藩告诫他们，要像佛家所说的那样，降龙伏虎，"龙即相火也，虎即肝气也"，遏抑肝火，不使它过分炽烈，节制血气，不使自己的嗜欲戕害自己的身体性命。这是养生之道的根本。也是我们现代人的健康经验：发怒伤害肝脏功能。

另外，人心中的愤怒，与养心对立；所以，惩愤去怒，也就是为了养心，减少了愤怒，心中也便安泰平和、豁达冲淡、充满虚明之气……这对我们现代人心理健康的重要性，也是不言而喻的。

尽管曾国藩非常重视修身养性之道，但他对生命的健康长寿，却不存妄念，不迷信，一切顺其自然，人的"寿之长短，病之有无，一概听其在天，不必多生妄想去计较他"。这种达观、冲淡之气，不也是今天追求修身养性的人们所应具有的襟怀、器识？

五、感谢竞争对手

老子说："后其身而身先，外其身而身存。"引申到企业管理就应该把一句传统的商业名词"竞争对手"改为"竞争伙伴"。

竞争就是帮助别人提高，同时也是激励自己提高。只有通过不断的竞争，才能使全行业的水平不断提高。全行业水平的不断提高，就是提高了国际竞争力。我们不能把竞争简单地理解为"你死我活"，而应该理解为"互利互惠""共创辉煌"。所以"竞争对手"应该改为"竞争伙伴"。

中国的市场经济运行时间不长，企业中还存在"龙蛇混杂"的现象，所以在市场竞争中出现了这样那样的问题。企业间互相拆台、互相诋毁，市场竞争没有做到共利共荣，相反还出现了两败俱伤的局面。尤其是在国际市场上，还没有来得及共同面对，内部就已经先打起来了，结果让外商坐享渔翁之利，同时还有损了国威。

随着市场经济的逐渐成熟，市场规则会限制住不平等竞争，那种共利、共荣、共发展的良性竞争，必然会成为市场竞争的主流。全国人民都在"中国移动"和"中国联通"的竞争中受益了。早三十年，手拿"大哥大"就是身份的象征，今天如果有人手拿"大哥大"，在大街上大声打电话的话，可能要被人笑掉大牙。中国移动和中国联通这一对竞争伙伴，在给全中国人民带来实惠的同时，自己也得到了飞速发展。

中国加入"世贸组织"的时候，全中国人民都为中国的汽车工业捏着一把汗。那时候，中国的老百姓还认为家用汽车只是一种可望而不可即的奢望。几年过去了，中国的汽车工业，非但没有自生自灭。恰恰相反，还得到了飞速发展。"一汽""二汽""上汽"这三个代表中国汽车工业主流的竞争伙伴，在竞争中茁壮成长起来了。

蒙牛总裁牛根生深谙竞争与合作的道理。《华夏时报》记者采访他时问道："您怎样理解伊利和蒙牛的市场竞争，一定得分个输赢还是讲和为好？"牛根生答道："竞争只会促进发展。你发展别人也发展，最后的结果往往是'双赢'，而不一定是'你死我活'。一个地方因竞争而催生多个名牌的例子国内外都有很多。德国是弹丸之地，比我们内蒙古还小，但它产生了5个世界级的名牌汽车公司。有一年，一个记者问'奔驰'的老总，奔驰车为什么飞速进步、风靡世界，'奔驰'老总回答说'因为宝马将我们撵得太紧了'。记者转问'宝马'老总同一个问题，宝马老总回答说'因为奔驰跑得太快了'。"

在牛根生的办公室，挂着一张"竞争队友"战略分布图。牛根生说："竞争伙伴不能称之为对手，应该称之为竞争队友。以伊利为例，我们不希望伊利有问题，因为草原乳业是一块牌子，蒙牛、伊利各占一半。虽然我们都有各自的品牌，但我们还有一个共有品牌'内蒙古草原牌'和'呼和浩特市乳都牌'。伊利在上海A股表现好，我们在香港的红筹股也会表现好，反之亦然。蒙牛和伊利的目标是共同把草原乳业做大，因此蒙牛和伊利，是休戚相关的。"

企业家应该明白，竞争不是坏事，竞争就意味着推陈出新，竞争是企业发展的原动力。应该感谢那些勇于创新的竞争对手，他们才是促进我们企业发展的好朋友。

六、轻松愉快地学习

　　老子说"上善若水"，水的一切行为都完全符合自然规律，所以"水善利万物而不争。"青少年的成长也应该像水一样，顺其自然地茁壮成长。

　　应试教育中，升学考试采用"一锤子定音"的方法，逼迫老师、家长和学生们不得不高度重视考试成绩。因此铺天盖地的作业和练兵考试，成了家常便饭，让学生们应接不暇。没完没了的考试、排名，必然造成课堂如战场，竞争激烈。在这种一对一的残酷竞争中，必然有很多学生会败下阵来，要想脱颖而出？实在是太难啦！一天两天、一年两年，很多同学未曾尝到成功的果实，却一次次的承受失败的打击，久而久之，必然斗志尽丧。青少年被一道无形的枷锁锁住了，也就是说有很多青少年没有顺其自然而成长，他们的身心是在一种扭曲的状态下不健全地发育着。

　　因此，让学生们顺其自然、轻松愉快地成长和学习，就显得格外重要了！

七、一凡"出错"

　　一凡在某钢厂宣传处工作，有一天，处长突然叫他整理一个劳动模范的先进事迹。其实，这是处长对一凡的一次考试，它将关系到一凡是否还能继续在机关待下去。本来对这样的材料，一凡并不感到为难，但有了无形的压力，便不得不格外精心。他花了一个通宵，写好后反复推敲，又抄写得工工整整。

　　第二天一上班，一凡就把它送到了处长的桌子上。处长当然高兴，快嘛，字又写得遒劲、悦目，而且在内容、结构上也没有什么可挑剔的。可是，处长越看到最后，笑容越少了。最后，他满脸严肃地把文稿退回，让一凡再认真修改，真叫人搞不清什么地方出了差错。一凡转身刚要迈步，处长像突然想起了什么似的说："对，对，那个'副厂长'的'副'字不能写成'付'，这不合文字规范，你把它改过来，改过来就行了。"处长又恢复了先前高兴的样子，还一个劲地说："写得快，不错。"这一下考试自然过关！

　　善于处世的人，常常故意在明显的地方留一点瑕疵，让人一眼就看见他"连这么简单的东西都搞错了！"这样一来，尽管你出人头地，木秀于林，别人也不会对你敬而远之，别人一旦认为"原来你也有错"的时候，反而会缩短与你之间的距离。适当地把自己安置得低一点，也就等于把别人抬高了许多。

　　"曲则全"这一观点，不是老子独创的，《易经》中早就有了。孔子也说过"曲成万物而不遗"。

　　如果我们从全的方面去求全，直的方面去求直，必然无法达到目的，这是因为全会走到它的反面曲，直会走到它的反面枉。所以，我们为了达到全，不妨先曲；为了达到直，不妨先枉。

　　得道之人最明白这个道理，他们永远处在曲和枉的境界里，所以就无为地得到了全和直，也就无所谓曲和全、直和枉了。为人处世，要讲艺术，善于言辞的人，讲话婉转，容易达到目的。说话或办事直来直去，有时是行不通的。

八、忍受极限

一位年轻人毕业后被分配到一个海上油田钻井队。在海上工作的第一天，领班要求他在限定的时间内登上几十米高的钻井架，把一个包装好的漂亮盒子送到在最顶层的主管手里。

他拿着盒子快步登上高高的狭窄的舷梯，气喘吁吁、满头是汗地登上顶层，把盒子交给主管。主管只在上面签下自己的名字，就让他送回去。又快跑下舷梯，把盒子交给领班，领班也同样在上面签下自己的名字，让他再送给在最顶层的主管。

他看了看领班，犹豫了一下，又转身登上舷梯。他第二次登上顶层把盒子交给主管时，浑身是汗、两腿发颤，主管却和上次一样，在盒子上签下名字，让他把盒子再送回去。他擦擦脸上的汗水，转身走向舷梯，把盒子送下来，领班签完字，让他再送上去。

这时他有些愤怒了，他看看领班平静的脸，尽力忍着不发作，又拿起盒子艰难地一个台阶一个台阶地往上爬。

当他上到最顶层时，浑身上下都湿透了，他第三次把盒子递给主管，主管看着他，傲慢地说："把盒子打开。"他撕开外面的包装纸，打开盒子，里面是两个玻璃罐，一罐咖啡，一罐咖啡伴侣。他愤怒地抬起头，双眼喷着怒火，射向主管。

主管又对他说："把咖啡冲上。"年轻人再也忍不住了，"叭"地一下把盒子扔在地上："我不干了！"说完，他看看倒在地上的盒子，感到心里痛快了许多，刚才的愤怒全释放了出来。

这时，这位傲慢的主管站起身来，直视他说："刚才让您做的这些，叫做承受极限训练，因为我们在海上作业，随时会遇到危险，就要求队员身上一定要有极强的承受力，承受各种危险的考验，才能完成海上作业任务。可惜，前面三次你都通过了，只差最后一点点，你没有喝到自己冲的甜咖啡。现在，你可以走了。"

九、丰田公司进军美国市场

　　1950 年，丰田公司因破产危机，工业公司和销售公司发生分离。但是，不久爆发的朝鲜战争却给丰田带来了喜讯，美军大量的卡车订单使丰田汽车公司起死回生。这对于亲身体验了产销分离痛苦的丰田英二来说，自然希望回到以前产销一体的体制。但是事情并非那么简单，工业公司和销售公司分离的体制已经形成，当时负责技术部门的董事丰田英二，深知即使他提出重新合并的建议，在当时也是行不通的。

　　丰田英二在确定丰田的未来发展方向时，决断很慢，这是因为丰田英二在深思熟虑考察各种条件的同时，还要衡量各方面的利益是否均衡。他认为条件不成熟，即使勉强行事也是失败的，他只有耐心地等待。

　　直到 20 世纪 80 年代初，丰田的两家公司才终于结束了长达 3 年的产销分离，诞生了全新的丰田公司，丰田英二的等待终于有了丰硕的成果。

　　在处理丰田赴美建厂一事上，丰田英二也同样小心思考，着眼长远。丰田进军美国，在日本汽车厂商中，是继本田、日产之后的第三家，为此不少人抱怨为时太晚。会长丰田英二和社长丰田节一郎的回答是："我们在耐心等待，我们的行动并没有落后。"由于采取了谨慎的战术，丰田公司最终顺利地打入了美国汽车市场。

　　丰田英二在丰田公司的起步阶段并没有急功近利、鲁莽行事，而是一步一个脚印，逐渐将丰田公司发展壮大起来。假使丰田英二一开始就把事情做满，那么最后丰田公司能否起死回生还是一大疑问，这充分体现了老子物极必反的道理，启示我们要适可而止，进退有度。

第五章
以德服人的处世原则

德，就是有好的品行。有德，便是一种坦荡，可以无私无畏，无拘无束，无尘无染。有德，便是一种豁达，是比海洋和天空更为博大的胸襟，是宽广和宽厚的叠加，延续着，升华着……德才兼备，同心同德，以德服人，这是人生处世的基本法则。

一、诸葛亮七擒孟获

东汉末年，魏、蜀、吴三分天下。蜀丞相诸葛亮受昭烈帝刘备托孤遗诏，立志北伐，以重兴汉室。就在这时，蜀南方之南蛮又来犯蜀，诸葛亮当即点兵南征。到了南蛮之地，双方首战诸葛亮就大获全胜，擒住了南蛮的首领孟获。但孟获却不服气，说什么胜败乃兵家常事。孔明得知一笑下令放了孟获。

放走孟获后，孔明找来他的副将，故意说孟获将此次叛乱的罪名都推到了他的头上。副将听了十分生气，大声喊冤，于是孔明将他也放了回去。副将回营后，心里一直愤愤不平。一天，他将孟获请入自己帐内，将孟获捆绑后送至了汉营。孔明用计二次擒获了孟获，孟获却还是不服，诸葛亮便又放了他。这次，汉营大将们都有些想不通。他们认为大家远涉而来，这么轻易地放走敌人简直是像开玩笑一样。孔明却自有道理：只有以德服人才能真的让人心服；以力服人将必有后患。

孟获再次回到洞中，他的弟弟孟优给他献了个计谋。半夜时分，孟优带人来到汉营诈降，孔明一眼就识破了他，于是下令赏了大量的美酒给南蛮之兵，使孟优带来的人喝得酩酊大醉。这时孟获按计划前来劫营，却不料自投罗网，被再次擒获。这回孟获却仍是不甘心，孔明便第三次放虎归山。

孟获回到大营，立即着手整顿军队，待机而发。一天，忽有探子来报：孔明正独自在阵前察看地形。孟获听后大喜，立即带了人赶去捉拿诸葛亮。不料这次他又中了诸葛亮的圈套，第四次成了瓮中之鳖。孔明知他这次肯定还是不会服气，再次放了他。

孟获带兵回到营中。他营中一员大将带来洞主杨峰，因跟随孟获亦数次被擒数次被放，心里十分感激诸葛亮。为了报恩，他与夫人一起将孟获灌醉后押到汉营。孟获五次被擒仍是不服，大呼是内贼陷害。孔明便第五

216

次放了他，命他再来战。

这次，孟获回去后不敢大意，他去投奔了木鹿大王。这木鹿大王之营极为偏僻，孔明带兵前往，一路历尽艰险，加上蛮兵使用了野兽入战，使汉兵败下阵来。这之后汉兵又碰上了几处毒泉，使情况变得更为不妙。幸亏不久孔明得到伏波将军及孟获兄长孟节指点，他们才安全回到大营。回营后，孔明造了大于真兽几倍的假兽。当他们再次与木鹿大王交战时，木鹿的人马见了假兽十分害怕不战自退了。这次孟获心里虽仍有不服，但再没理由开口了，孔明看出他的心思，仍旧放了他。

孟获被释后又去投奔了乌戈国，这乌戈国国王兀突骨拥有一支英勇善战的藤甲兵，所装备的藤甲刀枪不入。孔明对此却早有所备，他用火攻将乌戈国兵士皆烧死于一山谷中。孟获第七次被擒，孔明故意要再放了他。孟获忙跪下起誓：以后将决不再谋反。孔明见他已心悦诚服，觉得可以利用，于是便委派他掌管南蛮之地，孟获等听后不禁深受感动。从此孔明便不再为南蛮担心而专心对付魏国去了。

二、张辽交友

三国时候，魏国有一个出名的大将叫张辽，他和另一位将军武周是非常要好的朋友。可是，因为一点小事，两人闹翻了脸，互相都说对方不对，不够朋友。从此，两人断绝了友情，见面连话都不说。

有一天，张辽听说有一位叫胡质的人，人品和学问都很了不起，便托人给胡质捎话说，他要亲自去拜会胡质，同胡质交个朋友。他满以为自己的声望、地位这么高，还主动去见人家，一定会受到欢迎的。没想到，胡质以身体不好为理由，拒绝了。

不几天，张辽在半路恰好遇上了胡质，看见胡质身体结实，红光满面，哪里像身体不好的样子。他有些不高兴，埋怨说："我诚心诚意跟你交朋友，你怎么嫌弃我呢？"

胡质不软不硬地回答:"这得问你自己呀?"

"怪我?"张辽愣住了。

"可不是!"胡质诚恳地说:"交朋友,应看大节,不计小事,才能保持长久的友谊。武周为人不错,你夸奖过他。现在,只为鸡毛蒜皮的小事,你就不理他了,我的才学比他差远了,怎么能让你长久地依赖我呢?如果我们俩也好不了多久就会崩,还不如不做朋友呐!"

张辽听了,又惭愧,又感激,连连向胡质道谢。随后,他就去找武周道歉,承认自己的错误,武周也作了自我批评。于是,两人又像以前一样和好了。

胡质听到这个消息,高兴地对张辽说:"知道自己错了,能马上改正,你这个人可交。"说着,他热情地邀请张辽到自己家里去做客,他们终于成了好朋友。

三、亡国之君南唐后主李煜

李煜是南唐的最后一个皇帝,历史上称他为南唐后主。李煜本来名李从嘉,字重光,他为自己起了不少号,如钟山隐士、莲峰居士,等等。937年出生于金陵,959年被立为太子,宋建隆二年在金陵登基即位,在位十五年。他嗣位的时候,南唐已奉宋正朔,苟安于江南一隅。

宋开宝七年(964年),宋太祖屡次遣人诏其北上,均辞不去。同年十月,宋兵南下攻金陵。975年十一月城破,后主肉袒出降,被北宋军队俘到汴京,封违命侯。太宗即位,进封陇西郡公。太平兴国三年(978年)七夕是他四十二岁生日,宋太宗恨他有"故国不堪回首月明中"之词,命人在宴会上下药将他毒死。追封吴王,葬洛阳邙山。

李煜接手的南唐是个不折不扣的烂摊子。国库不丰,又屡兴干戈,还要不停地向北方上贡。李煜刚登基时给北宋贡去了数不清的金器、银器和纱罗缯彩。为收买北宋宰相赵普,一次就送给人家50000两白银。南唐本是小国，这样折腾的结果常常是入不敷出，只有巧立名目搜刮民脂民膏，发展到后来，连民间鹅生双蛋、柳条结絮都要抽税，百姓真是苦不堪言！

李煜却荒淫无度，他痴迷佛教，每次散朝以后，李煜就和皇后换上僧服，开始诵经拜佛，天天如此。

佞佛之外，他还爱下棋，为了和他的近侍下棋，他常常拒绝召见大臣。

无聊之余，他又琢磨着怎么样改进造纸和制砚的技巧，好纸好砚是造出来了，政事却也荒废了。

他的皇后是个很会玩的女人。她善弹琵琶，后主就为她找来烧槽琵琶，她创制一种叶子格游戏（类似于今天的纸牌游戏），还精通服装设计，创高髻纤裳及首翘鬓朵装，又会制造香水，尤喜舞蹈。李煜对皇后情有独钟，双宿双飞，游戏人间，难免慢待了政务。李煜的《浣溪沙》将这种醉生梦死的生活描写得极其生动："红日已高三丈透，金炉次第添香兽，红锦地衣随步皱。佳人舞点金钗溜。酒恶时拈花蕊嗅，别殿遥闻箫鼓奏。"

他时常沉醉于儿女私情中不能自拔，有两首词将他的这种情绪表述得最为清晰，一首为《一斛珠》："晓妆初过，沈檀轻注些儿个，向人微露丁香颗。一曲清歌，暂引樱桃破。罗袖裛残殷色可，杯深旋被香醪涴。绣床斜凭娇无那，烂嚼红茸，笑向檀郎唾"；另一首为《菩萨蛮》："花明月暗笼轻雾，今宵好向郎边去。刬步香阶，手提金缕鞋。画堂南畔见，一向偎人颤。奴为出来难，教郎恣意怜。"这两首词都写得十分香艳，不似人君所为。

他有宫女，轻丽善舞，用帛缠足，纤小弯曲像新月，着素袜在六尺高的金制莲花上旋舞，飘飘然有凌波仙子的姿态。相传中国妇女的缠足，从那时开始。荒淫如此，不亡何待。

李煜在军事上的无知是惊人的。当北宋大将曹彬在长江上搭起了浮桥，大军陆续过江时，坐在宫中的他兀自不信，他对大臣说："我也以为曹彬此举近于儿戏，江上架桥，亘古未闻，怎么可能会成功呢！"宋军突破长江天险，在江南如入无人之境，不久就兵临金陵。李煜整日在皇宫中与和尚、道士们谈经论道，赏画作词，一点也不知道外面的情况。有一天，他登上城墙去巡视，才发现城外遍布北宋的旗帜，京师已经被围得水泄不通。李煜才慌了手脚，他连忙让人出去求和，赵匡胤则充满霸气地说了那句流传千古的名言："卧榻之侧，岂容他人酣睡！"开宝八年（975

年）金陵城被攻破。

评价南唐后主李煜，后世人们的心情是很复杂的。

作为一个文学家，他的词独步古今、天下无双，亡国后的经历尤使他进入到了一个无人能及的独特境界，写出了"桃花谢了春红，太匆匆！无奈朝来寒雨晚来风，胭脂泪，离人醉，几时重？自是人生长恨水长东"，"春花秋月何时了？往事知多少，小楼昨夜又东风，故国不堪回首月明中。雕栏玉砌应犹在，只是朱颜改。问君能有几多愁？恰似一江春水向东流"这样的千古绝唱。

但作为一个帝王，他的表现却极其幼稚、低能。北方从北周柴荣起就屡有吞并南唐之心，赵匡胤960年即位后更是励精图治、虎视鹰扬，而后主却一心只想虚与委蛇，称臣、倾国力上贡、收买北宋大臣，幻想与虎谋皮，苟且偷生；内政不修，佞佛成性，宴乐无度，亲小人、远贤臣；外交上一无是处，更不知"唇亡齿寒"的道理，北宋攻打后蜀、南汉时，坐视不管；军事上战事未开，先自毁长城，杀了为北宋忌惮的名将，在北宋大军猛攻长江防线时却又无所作为，任其浮桥搭就，天堑变通途；金陵城被围困，犹在宫中与道士和尚大谈佛道，直到沦为俘虏才如梦初醒。如此帝王，称其为昏君，也毫不为过。

四、一心为民的范仲淹

范仲淹《岳阳楼记》："不以物喜，不以己悲，居庙堂之高，则忧其民；处江湖之远，则忧其君。是进亦忧，退亦忧；然则何时而乐耶？其必曰：先天下之忧而忧，后天下之乐而乐欤！"正是反映了"贵以身为天下，若可以寄天下；爱以身为天下，乃可托天下"的境界。

范仲淹（989—1052年），字希文，苏州吴县（今江苏苏州市）人。北宋著名政治家、文学家。范仲淹两岁丧父，家境衰落。他不但从小勤奋好学，而且胸怀远大政治抱负，以天下为己任。

有一次，年轻的范仲淹和朋友郊游的时候，遇到一个算命先生，据说算得很准。范仲淹问他："你看我能不能当宰相？"算命先生觉得这个孩子口气太大，不想给他算。范仲淹连忙改口："那你看我能不能当医生？"算命先生问他："刚才你问能不能当宰相，现在为什么又问能不能当医生呢？"范仲淹说："只有宰相和医生可以拯救人民。如果当不上宰相，不能最大限度地拯救人民的话，就当医生，一个一个的救死扶伤。"算命先生听后非常感动，热情鼓励他："你有宰相爱民之志，就一定能当上宰相的。"

"先天下之忧而忧，后天下之乐而乐"这两句话，概括了范仲淹一生所追求的为人准则，是他忧国忧民思想的高度概括。从青年时代开始，范仲淹就立志做一个有益于天下的人。为官数十载，他在朝廷犯颜直谏，不怕因此获罪。他发动了庆历新政，这一政治改革，触及北宋的政治、经济、军事制度的各个方面，虽然由于守旧势力的反对，改革失败，但范仲淹主持的这次新政却开创了北宋士大夫议政的风气，传播了改革思想，成为王安石熙宁变法的前奏。

他每到一地，兴修水利，培养人才，保土安民，政绩斐然，真正做到了为官一任，造福一方。而在生活上，他治家严谨，十分俭朴，平时居家不吃两样荤菜，妻子儿女的衣食只求温饱，一直到晚年，都没建造一座像样的宅第，然而他喜欢将自己的钱财送给别人，待人亲热敦厚，乐于义助他人，当时的贤士，很多是在他的指导和荐拔下成长起来的。即使是乡野和街巷的平民百姓，也都能叫出他的名字。在他离任时，百姓常常拦住传旨使臣的路，要求朝廷让范仲淹继续留任。

皇佑三年，范仲淹又移任青州。这里的冬寒，加重了他的疾病。第二年调往颍州，他坚持扶疾上任。但只赶到徐州，便溘然长逝，享年六十四岁。是年十二月葬于河南洛阳东南万安山，谥文正，封楚国公、魏国公，有《范文正公集》传世。这时，范仲淹积蓄已尽，一家人贫病交困，仅借官屋暂栖，略避风雨。

范仲淹死讯传开，朝野上下一致哀痛。包括西夏甘、凉等地的各少数民族人民，都成百成千地聚众举哀，连日斋戒。凡是他从政过的地方，老百姓纷纷为他建祠画像，数百族人来到祠堂，像死去父亲一样痛哭哀悼，根据他的遗愿，遗体没有运回原籍苏州，而是葬在他母亲长眠的那块地旁——洛阳南郊万安山下。范仲淹的行动和思想，赢得身前身后几代人的敬仰。历代仁人志士也纷纷以范仲淹这位北宋名臣为楷模，学习和效法。朱熹称他为"有史以来天地间第一流人物"！千载迄今，各地有关范仲淹的遗迹始终受到人们的保护和纪念。

五、无凭无据的信义

　　胡雪岩是清末的一位有名的红顶商人，他在经商的同时也开办了一家阜康钱庄。

　　阜康钱庄开业不久，接待了一位特殊的客户。

　　这位特殊的客户叫罗尚德，是清朝驻守杭州绿营兵的千总。他存入阜康一万两银子，既不要利息，也不要存折。这让阜康钱庄的掌柜很为难。

　　原来罗尚德在老家时，是个赌徒，订下婚约却不提婚期，因为好赌，用去了岳父家一万两银子，一直还不上，最后岳父提出只要罗尚德同意退婚，宁可不要银子。这下可刺激了罗尚德，他不仅同意退婚，并且发誓做牛做马也要还上这一万两银子。

　　罗尚德后来投军，辛辛苦苦，十多年熬到六品武官的职位，省吃俭用积攒了这一万两银子。前几天接到命令，要到江苏与太平军开仗，因为没有亲眷相托，因而将银子存入阜康钱庄。

　　他对钱庄的伙计说："我既不要利息，也不要存折。就是因为我相信阜康钱庄的信誉，我把钱存在这里让你们给予保管，我不是图增利息；我自己带兵打仗生死未卜，也没有必要带个存折在身上，那多麻烦呢。"

　　得知这一情况，胡雪岩当即决定：尽管客户不要利息，也仍然以三年定期的利息给予计算，尽管客户不要存折，也仍然要立个字据交由当时的主管刘庆生代管。

　　罗尚德后来在战场上阵亡。临死前，他委托两位当兵的老乡将自己存在阜康钱庄的银子提出，转给老家的亲戚，以便还上岳父家的赌债。

　　两位老乡没有任何凭据就来到了阜康钱庄，办理银子的转移手续。原以为会受到钱庄的刁难和麻烦，甚至阜康钱庄会因为没有凭据赖账。他们没想到阜康钱庄除了请人证实他们是罗尚德的老乡以外，没费半点周折，就连本带利为他们办了手续。

阜康钱庄付出了罗尚德一万两的存款。两个办理取兑银两的老乡回到军营，讲了他们的经历，许多官兵把自己的多年积蓄甘愿长期无息存在阜康钱庄。

从此，阜康钱庄的声誉一下子传开了。

六、国王与三个儿子

很久以前，有一位年老的国王，他决定不久后就将王位传给三个儿子中的一个。一天国王把三个儿子叫到跟前说："我老了，决定把王位传给你们三兄弟中的一个，但你们三个都要到外面去游历一年。一年后回来告诉我，你们在这一年内所做过的最高尚的事情。只有那个真正做过高尚事情的人，才能继承我的王位。"

一年后，三个儿子回到了国王跟前，告诉国王自己这一年来在外面的收获。

大儿子先说："我在游历期间，曾经遇到一个陌生人，他十分信任我，托我把他的一袋金币交给他住在另一镇上的儿子，当我游历到那个镇上时，我把金币原封不动地交给了他的儿子。"

国王说："你做得很对，但诚实是你做人应有的品德，不能称得上是高尚的事情。"

二儿子接着说："我旅行到一个村庄，刚好碰上一伙强盗打劫，我冲上去帮村民们赶走了强盗，保护了他们的财产。"

国王说："你做得很好，但救人是你的责任，还称不上是高尚的事情。"

三儿子迟疑地说："我有一个仇人，他千方百计地想陷害我，有好几次，我差点就死在他的手上。在我的旅行中，有一个夜晚，我独自骑马走

在悬崖边，发现我的仇人正睡在一棵大树下，我只要轻轻地一推，他就掉下悬崖摔死了。但我没有这样做，而是叫醒了他，告诉他睡在这里很危险，并劝告他继续赶路。后来，当我下马准备过一条河时，一只老虎突然从旁边的树林里蹿出来，扑向我，正在我绝望时，我的仇人从后面赶过来，他一刀就结果了老虎的命。我问他为什么要救我的命，他说：'是你救我在先，你的仁爱化解了我的仇恨。'这……这实在是不算做了什么大事。"

"不，孩子，能帮助自己的仇人，是一件高尚而神圣的事，"国王严肃地说："来，孩子你做了一件高尚的事，从今天起，我就把王位传给你。"

从这个故事中，我们懂得了这样一个道理：不要长久地仇视他人，要懂得用宽容的心，用爱，去看待仇视自己的人，爱能化解仇恨。这样的人才是高尚的人，才是一个大写的人。

七、顺其自然

禅院的草地上一片枯黄，小和尚看在眼里，对师父说："师父，快撒点草籽吧！这草地太难看了。"

师父说："不着急，什么时候有空了，我去买一些草籽。什么时候都能撒，急什么呢？随时！"

中秋的时候，师父把草籽买回来，交给小和尚，对他说："去吧，把草籽撒在地上。"起风了，小和尚一边撒，草籽一边飘。

"不好，许多草籽都被吹走了！"

师父说："没关系，吹走的多半是空的，撒下去也发不了芽。担什么心呢？随性！"

草籽撒上了，许多麻雀飞来，在地上专挑饱满的草籽吃。小和尚看见了，惊慌地说："不好，草籽都被小鸟吃了！这下完了，明年这片地就没有小草了。"

师父说:"没关系,草籽多,小鸟是吃不完的,你就放心吧,明年这里一定会有小草的!"

夜里下起了大雨,小和尚一直不能入睡,他心里暗暗担心草籽被冲走。第二天早上,他早早跑出了禅房,果然地上的草籽都不见了。于是他马上跑进师父的禅房说:"师父,昨晚一场大雨把地上的草籽都冲走了,怎么办呀?"

师父不慌不忙地说:"不用着急,草籽被冲到哪里就在哪里发芽。随缘!"

不久,许多青翠的草苗果然破土而出,原来没有撒到的一些角落里居然也长出了许多青翠的小苗。

小和尚高兴地对师父说:"师父,太好了,我种的草长出来了!"

师父点点头说:"随喜!"

这位师父真是位懂得人生乐趣之人。凡事顺其自然,不必刻意强求,反倒能有一番收获。

为求一份尽善尽美,人们绞尽脑汁,殚精竭虑。而每遇关系重大、情形复杂的状况,更是为之寝食难安。

其实,就如我们遇上难越的坎儿,与其百般思量,不如顺其自然,反倒能够柳暗花明又一村。

通过这个故事大家可以看出人要懂得"顺其自然",这样人才会自在生活,不去烦恼。

八、让长线变短

一位搏击高手参加锦标赛,自以为稳操胜券,一定可以夺得冠军。但出乎意料的是,在最后的决赛中,他遇到了一个实力相当的对手,双方竭尽全力攻击。

当对打到了中途,这位搏击高手意识到,自己竟然找不到对方招数中

的破绽，而对方的攻击却往往能够突破自己防守中的漏洞。

比赛的结果可想而知，搏击高手惨败在对方手下，也失去了冠军的奖杯。

他愤愤不平地找到自己的师父，一招一式地将对方和他搏击的过程，再次演练给师父看，并请求师父帮他找出对方招式中的破绽。他决心根据这些破绽，苦练出足以攻克对方弱点的新招，一定要在下次比赛时，打倒对方，夺回冠军的奖杯。

师父笑而不语，在地上画了一条线，要他在不能擦掉这条线的情况下，设法让这条线变短。

搏击高手百思不得其解，怎么能让那条已经定格的长线变短呢？他思来想去最后也没有什么办法，不得不再次向师父请教。

没想到师父却在原先那道线的旁边，又画了一道更长的线。两者相比较，原来的那条线，看起来确实显得短了许多。

师父开口道："夺得冠军的关键，不仅仅在于要攻击对方的弱点，正如地上的长短线一样，只有你自己变得更强，对方就如原先的那条线一样，也就在相比之下变得较短了。如何使自己更强，才是解决问题的根本。"

我们无法让对手变弱，但能让自己变得更强。

九、自己与别人

一位十六岁的少年去拜访一位年长的智者。

他问："我如何才能变成一个自己愉快、也能够给别人愉快的人呢？"

智者望着他说："孩子，在你这个年龄就有这样的愿望，已经是很难得了。很多比你年长的人，从他们问的问题本身就可以看出，不管给他们多少解释，都不可能让他们明白真正重要的道理，就只好让他们那样好了。"

少年满怀虔诚地听着，脸上没有流露出丝毫得意之色。

智者接着说："我送给你四句话。第一句话是，把自己当做别人。你能说说这句话的含义吗?"

少年回答说："是不是说，在我感到痛苦忧伤的时候，就把自己当做是别人，这样痛苦就自然减轻了；当我欣喜若狂之时，也把自己当做别人，那些狂喜也会变得平和一些。"

智者微微点头，接着说："第二句话，把别人当做自己。"

少年沉思一会儿，说："这样就可以真正同情别人的不幸，理解别人的需求，并且在别人需要的时候给予恰当的帮助。"

智者两眼发光，继续说道："第三句话，把别人当做别人。"

少年说："这句话的意思是不是说，要充分地尊重每个人的独立性，在任何情形下都不可侵犯他人的核心领地。"

智者哈哈大笑："很好，很好。孺子可教也！第四句话是，把自己当做自己。这句话理解起来太难了，留着你以后慢慢品味吧。"

少年说："这句话的含义，我是一时体会不出。但这四句话之间就有许多自相矛盾之处，我用什么才能把它们统一起来呢？"

智者说："很简单，用一生的时间和精力。"

少年沉默了很久，然后叩首告别。

后来少年变成了壮年人，又变成了老人。再后来在他离开这个世界很久以后，人们都还时时提到他的名字。人们都说他是一位智者，因为他是一个愉快的人，而且也给每一个见到过他的人带来了愉快。

十、对手与潜能

动物园最近从国外引进了一只极其凶悍的美洲豹供人观赏。为了更好地招待这位远来的贵客，动物园的管理员们每天为它准备了精美的饭食，并且特意开辟了一个不小的场地供它活动和游玩。然而美洲豹始终闷闷不乐，整天无精打采。

也许是刚到异乡，有点想家吧？谁知过了两个多月，美洲豹还是老样子，甚至连饭菜都不想吃了。

眼看着它就要不行了，园长惊慌了，连忙请来兽医多方诊治，检查结果又无甚大病。万般无奈之下，有人提议，不如在草地上放几只美洲虎，或许有些希望。

原来人们无意间发现，每当有美洲虎经过时，美洲豹总会站起来怒目相向，严阵以待。

果不其然，栖息之所有了美洲虎的加入，美洲豹立刻变得活跃起来，又恢复了昔日的威风。

勇者只有在对手的面前，才能展现出威力。人生中只有有了对手，才会时刻激励我们保持旺盛的斗志，不断去挖掘自身的潜力。善待你的对手吧，因为他的存在就像是一针强心剂；感谢你的对手吧，他会使你成为一只威风凛凛的"美洲豹"。

十一、富兰克林制辩

美国的前总统富兰克林，年轻时，年少气盛，有一个好辩的恶习。

有一天，一个朋友把他拉到一边，苦口婆心地说："富兰克林，你真是不可思议。凡是与你意见不同的人，都会遭受你的侮辱。你的朋友们都发现，只要你不在他们身边，他们就会很快乐。想想看，你好辩的代价有多高呀！你真是博学多闻，以至没有人能再教给你什么了吗？事实上，谁也不可能再自讨苦吃。所以，你的知识就到此为止了，因为，你再也没有增加知识的可能了。"

富兰克林接受了这个劝告，立刻下定决心，改变以往乖僻、好辩的习性。刚开始的时候，富兰克林还有些急躁，但是，时间一长就很自然，他就非常习惯了。

"我奉行这条法则"，富兰克林说，"我要承受所有反驳我的正确言论，坦白地面对错误。我甚至严禁自己再使用那些极端的字眼，如：绝对、毫无疑问，等等。我使用的字眼是：我想、我猜、很可能、或者是，目前我的想法是……当某个人的意见与自己相反，而我又认为对方错了的时候，我不会立刻表现出反对的态度。我会设身处地揣摩，也许在某种环境或某个时刻内，他是对的，但是就目前而言，我想我的看法可能和他有些不同……我很快发现这种态度上的转变对我产生了颇大的效益。与人谈话时，我就变得比以前更和气。其结果，往往是赞成我的人比反对的多。而且，如果我发现自己是错的，也不再有羞耻的感觉，我也比以前更容易说服别人，使他们赞同我的看法——如果碰巧是我对了的时候。"

富兰克林克服了好辩的恶习，改善和促进了人际关系，50年来，没有一个人听到富兰克林对别人作非理性的批判。这种正直的性格使富兰克林结交了很多好朋友，也终于使富兰克林成为美国历史上最有才干、彬彬有礼的外交家和善于掌握公众言论的政治家之一。但他还是谦虚地说："我只不过是一个口才很差、不够聪明、讲话常支支吾吾，甚至时常讲错话的人，但却能抓住重点。"

第六章
敢于认错

人的一生不可能永不犯错,有时候错误只是自己的一时疏忽所造成,并不构成太大的得失;但如果不认错,可能犯了"戒禁取见",后果可就不堪设想。所以一个人的际遇安危、成败得失,往往和自己能否"认错"有着十分密切的关系。

一、尧帝禅让

尧在位，天下洪水汤汤，用鲧治水，九年无功而返，又启用禹，使洪水得以治理。尧设置谏言之鼓，让天下百姓尽其言；立诽谤之木，让天下百姓攻击他的过错。他治天下五十年，问天下治与不治？百姓爱戴自己与否？左右不知，朝野不知。他于是微服访于民间，有一位老人含着食，鼓着腹，敲着土地唱道："日出而作，日入而息，凿井而饮，耕田而食，帝力于我何有哉。"这首古诗称作《击壤歌》。

尧帝开创了帝王禅让之先河，在位七十年，认为儿子丹朱不成器，决定从民间选用贤良之才。尧问四方诸侯首领："谁能担负起天子的重任？"四方诸侯首领说："有个单身汉，在民间，叫虞舜。"于是，尧微服私访，来到历山一带，听说舜在田间耕地，便到了田间。看见一个青年，身材魁伟、体阔神敏，正聚精会神地耕地，犁前驾着一头黑牛、一头黄牛。奇怪的是，这个青年从不用鞭打牛，而是在犁辕上挂一个簸箕，隔一会儿，敲一下簸箕，吆喝一声。尧等舜犁到地头，便问："耕夫都用鞭打牛，你为何只敲簸箕不打牛？"舜见有老人问，拱手以揖答道："牛为人耕田出力流汗很辛苦，再用鞭打，于心何忍！我打簸箕，黑牛以为我打黄牛，黄牛以为我打黑牛，就都卖力拉犁了。"尧一听，觉得这个青年有智慧，又有善心，对牛尚如此，对百姓就会更有爱心。

尧与舜在田间扯起话题，谈了一些治理天下的问题，舜的谈论明事理，晓大义，非一般凡人之见。尧又走访了方圆百里，都夸舜是一个贤良之才。尧便决定试一试舜。尧把两个女儿娥皇、女英嫁给舜，让两个女儿观其德；把九个男儿安排在舜周围，让九个男儿观其行。把舜放进深山之中，虎豹毒蛇都被他驯服。舜头脑清醒，方向明确，深山之中不迷失，很快就走了出来。尧先让舜在朝中作虞官，试舜三年后，让舜在尧的文庙拜了尧的先祖，尧便让舜代其行天子之政。

尧立七十年得舜，二十年后尧老，舜代替尧执政，尧让位二十八年后死去。

二、孔子认错

有一年，孔子带着几个弟子来到海州游历。孔子边游玩边向弟子们传授学问。他说："有些人对事情是生下来就知道的。"弟子们都点头说是。

正讲着，传来哗啦啦的响声。孔子忙说："听，山那边下起了雷阵雨，快停车！"有位弟子下了车，仔细听了听，说："这可能是山那边有大海，这是那边海浪拍打岩石的声音！"孔子一听是海，因为从没见过，就带着弟子，爬上山顶，朝东看去。

孔子看着无边无际的大海，感叹地说："海真大啊！"他和弟子们在山顶尽情地观赏大海的景色。

一会儿，孔子口渴了，让一个弟子下去舀点海水给他喝。那弟子拿起葫芦正要下山，一位小渔民见了，不由哈哈大笑。孔子一愣，问："小弟弟，你笑什么？"小渔民递上一壶清水，说，"老人家，你喝一点这水看看怎样？"孔子喝过水说："这海水真好喝啊！"小渔民说："这不是海水，海水又咸又苦，怎么能喝呢？你们真是一群书呆子！"

有位弟子听小渔民这样批评孔子，生气了，对小渔民说："对圣人不能无礼！"小渔民却说："圣人也不见得样样都懂，刚才想用海水解渴就错了。再说，孔老夫子他会打鱼吗？"说完，他奔下山，驾起渔船进海，撒下渔网，一会儿捕上了不少鱼。

孔子看了，觉得很惭愧。他低着头，站在山顶，沉思了好久好久，然后诚恳地对弟子说："刚才说有些人生下来就知道，这话是不对的。我们千万不可不懂装懂啊！"

孔子知错改错，勇于接受批评，人们更加尊敬他了，就把他登过的这座山叫孔望山。

三、廉颇负荆请罪

公元前280年，秦昭襄王派大将白起，连着攻下赵国的代光、狼城两座城。然后，却又派遣使者到赵国，提出与赵王和好，要赵惠文王到黄河南面的渑池与秦王相会。秦昭襄王的如意算盘是：借会晤扣押赵王，来以此要挟赵国。赵王有些担心，蔺相如自请护驾前往渑池赴约，让廉颇带兵看家，辅佐太子。廉颇把赵王一行送到边境上，对赵王说："大王这次出去，来回超不过30天；如果到了30天后大王还不回来，请让我立太子为王，以杜绝秦国有什么要挟的企图。"赵王深感老将军深谋远虑，忠心耿耿，就答应了。

秦昭襄王和赵惠文王在渑池见了面，双方饮酒、谈天，气氛倒还和睦。酒席上正喝得起劲，秦王忽然对赵王说："听说赵王善于奏琴，正好乐师那里有琴，赵王就给我弹支曲子吧。"赵王气得脸都白了，心想：我还没亡国呐，就成秦国的臣仆不成！可又没办法抗议，勉勉强强只得弹了一曲。秦王回头命令秦国的史官，记下"某年某月某日，秦王与赵王在渑池相会，赵王为秦王鼓琴。"赵王有气只好往肚子里咽。

这时候，蔺相如走上前，捧着一个瓦盆，毕恭毕敬地跪在秦王跟前，说："赵王听说大王您会弹奏秦国音乐，我这儿有个瓦盆，请大王赏脸弹个秦国小调吧。"秦王陡然变了脸色，不理蔺相如。蔺相如目光炯炯地盯着秦王，义正词严道："大王不要仗着秦国兵力强大就可以欺辱赵王。现在秦兵虽强，但眼前我离大王只有五步远，五步之内我可以让血溅到大王身上！"秦王带来的大臣们纷纷气势汹汹地拔刀要杀蔺相如。蔺相如毫不畏惧地圆睁双眼，喝道："哪个敢过来！"秦臣们唯恐秦王有个闪失，吓得不敢动弹。秦王见蔺相如动了真，逼得这么紧，只得虎着脸，硬着头皮拿起筷子，在瓦盆上胡乱敲了几下。蔺相如马上回身告诉赵国史官，记下"某年某月某日，赵王与秦王在渑池相会，秦王为赵王敲瓦盆"。

秦王看酒席中占不到赵国什么便宜，又接到报告赵国名将李牧率大军兵临河畔，虎视眈眈。心想：有这个蔺相如在，灭赵国还真不那么容易啊！就换了一副笑脸，说："今天是秦赵和好的日子，不要伤了和气。"

秦王敬了赵王一杯酒，赵王也回敬一杯，两国约定谁也不侵犯谁，渑池之会总算圆满而散。不到30天，赵王又回到了赵国。

赵王深深赞许蔺相如的智勇过人，认为他给赵国争了体面，立了大功，拜蔺相如做了相国。这样一来，蔺相如的职位就高过了领兵打仗的老将廉颇。廉颇可气得够呛，气呼呼地逢人便讲："我是赵国的大将，出生入死能征善战，给赵国攻城斩将，立了多少功劳！他蔺相如，一个小小的宦官的门客，凭着一张嘴巧言善辩，有什么了不起的，却爬到我上头去了。早晚我得给他点儿颜色看，好好羞辱他一番，出出我这口闷气！"

廉颇的这些话，传到了蔺相如耳朵里，蔺相如就向赵王请了病假，待在家里不去上朝，免得与廉颇发生矛盾冲突。有一天蔺相如和门客们驾车出游，望见廉颇远远地在胡同口正路上站着，挡住了蔺相如的去路。蔺相如让自己的车子拐到一边，躲着廉颇；廉颇不依不饶地追过来，蔺相如索性调头回去了。廉颇很得意。

蔺相如的门客们气不过，有的要收拾行装离开相府。蔺相如耐心地对众人说："你们看廉将军和秦王哪一个厉害？"众人答："当然是秦王了。""对呀！"蔺相如说，"我在秦国的大殿上当着如狼似虎的秦兵，连秦王都不惧怕，怎么会单单怕廉将军呢？两虎相争，必有一伤，我之所以忍让老将军，是怕咱们赵国将相不和而招来秦国的侵略，这是先国事后私事啊！"门客们更敬佩蔺相如的为人和胸怀，要走的也不想走了。

有人把蔺相如的话告诉了廉颇，廉颇后悔不迭，立即去找蔺相如。廉颇赤裸着身子，背着荆条跪在蔺相如的相府门口，口里说道："我是个粗人，没有见识，肚量窄，请相国罪罚，死而无憾。"蔺相如连忙卸下廉颇背着的荆条，双手搀扶起廉颇。两个人都热泪滚滚，在场的人没有不感动的。

就这样，相国和大将军和好了，二人结成生死之交。从此，文武二人同心协力保卫赵国，秦国还真的许久没敢来侵犯。

四、制楚

齐国任用管仲为相，不仅把自己的国家治理得很好，而且还征服了周围许多诸侯小国，只剩下楚国不听齐国号令了，这成为了齐国成为争霸中原的燃眉之急。

齐国的几位大将纷纷向齐桓公请战，要求带兵攻打楚国。管仲听了连连摇头，他对大将们说："齐楚交战，两败俱伤，不仅要用完我们齐国的多年积蓄，而且齐楚两国的百姓也将永无宁日。"

大将军们哑口无言，等着管仲拿出好的主意，管仲却不慌不忙，带着人去看炼铜的去了。

一天，管仲带着一百多名商人到楚国去买鹿。当时鹿在其他国家都是稀有的动物，仅楚国才有。但当时楚国的人们却只把鹿作为一般的可食动物，用很少的钱就可以买到一头。管仲派商人四处扬言，说齐桓公好养鹿，不惜重金收购鹿。

齐国商人开始购鹿，三枚铜币一头。过了十几天加价为五枚一头。

楚国的楚成王和大臣们得知此事，很是高兴，他们认为齐国很快就要遭殃，齐桓公会像十年前的卫国国君好养鹤一样而丧失国家，他们楚国就可以坐得天下了。

管仲又把鹿价提高到四十枚铜币一头。

楚人听说一头鹿能与千斤粮食价格相同，便纷纷制作猎具，奔向深山去捕鹿，不再种田，连楚国的官兵也带着武器偷偷上山打猎。

一年间，楚地大荒，土地无人耕种，铜币却都堆成了山。后来楚国人没有了粮食，想用铜币买粮，却又无处可买。因为管仲早已发出命令，禁止任何诸侯国与楚国通商，不得卖粮食给楚国人。

这样一来，楚国军队人饥马瘦毫无战斗力。楚成王无可奈何，忙派大臣去同齐国讲和，同意不再割据一方，保证接受齐国号令。

管仲不用一兵一卒，不动一刀一枪，就制伏了本来非常强大的楚国。

五、萧何月下追韩信

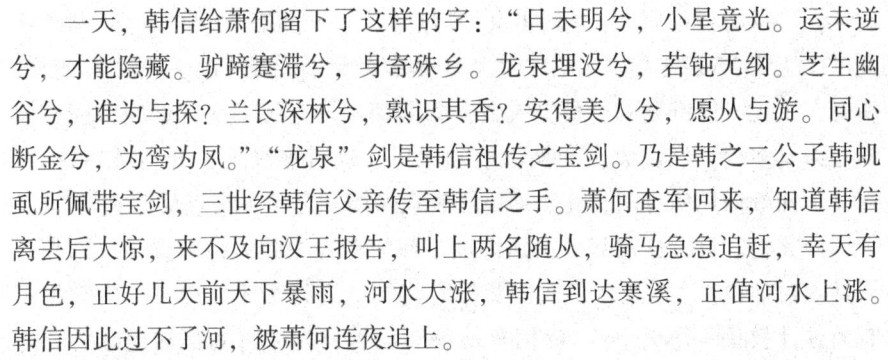

一天，韩信给萧何留下了这样的字："日未明兮，小星竟光。运未逆兮，才能隐藏。驴蹄蹇滞兮，身寄殊乡。龙泉埋没兮，若钝无纲。芝生幽谷兮，谁为与探？兰长深林兮，熟识其香？安得美人兮，愿从与游。同心断金兮，为鸾为凤。""龙泉"剑是韩信祖传之宝剑。乃是韩之二公子韩虮虱所佩带宝剑，三世经韩信父亲传至韩信之手。萧何查军回来，知道韩信离去后大惊，来不及向汉王报告，叫上两名随从，骑马急急追赶，幸天有月色，正好几天前天下暴雨，河水大涨，韩信到达寒溪，正值河水上涨。韩信因此过不了河，被萧何连夜追上。

萧何把韩信安顿好，便立即去见刘邦。此时刘邦正生气，因为有部下报告说萧何也逃跑了，刘邦正生气，一见萧何，又怒又喜。大骂萧何道："难道连你也逃走吗？"萧何说："臣不敢逃，臣追逃者！""追何人？""臣追韩信！"刘邦说："入汉中以来，诸将士逃跑无数，没见你追什么人。如今说追韩信，我会信你吗！"萧何说："诸将易得，像韩信乃是国士。这样有才干的人，汉王手下独一无二。如果汉王想长居此地，韩信就没什么用。汉王想起争天下，除韩信外汉王手下无人能当此重任。愿汉王自己决定吧！"刘邦说："我早想东向争天下之意，怎么甘心郁郁而居住在此？"萧何说："汉王有争天下之心，要用韩信，他就留下；如不用，韩信还是要走。"刘邦说："既然如此我就封韩信为将军。萧何说虽为将军韩信一样会走。"刘邦说："难道要封为大将军？"萧何说："这样才能留住韩信！"刘邦说："既然你这么器重韩信，为了你，我就封韩信为大将军。"于是要萧何立即将韩信召来马上封为大将军。萧何说："吾王素来对属下傲慢无礼，现在拜大将军更要郑重其事才能服众。汉王有心，一要诏告全军；二要筑坛斋戒七日；挑选吉日；刻兵符、大将军印。"汉王一一照办。

消息一传出，全军将士纷纷猜测，几位立过战功的将军，如樊哙、周勃、灌婴等将军心里暗暗自喜，以为自己可能要成为汉大将军了。吉日一到，刘邦召集百官诸将。刘邦登上拜将坛台，召来韩信，将大将印、兵符交给韩信，并告诫全军：即日起韩信为汉大将军，管理军机要务，统率节制所有军马；诸将有违令者，由韩信全权处斩。此令一下，全军将士感到震惊，出乎所有人意料之外，军令又不敢不从。韩信知道众将士心里不服自己，于是当场召集上万将士，下令说："众将士无论职位高低，谁能在一刻间能清楚报出军士数量者，赏赐100斤金，晋爵一级。"于是众将皆跃跃欲试，可是却无人能清楚地报出军士人数。韩信随口一报，经核对准确无误。众将皆不服说："莫非事先清点好了？"韩信乃大笑说："从现在起由汉王亲自变换人数，刚才奖赏还是有效。"于是经过了数次的变换，所有将士无人能准确知道兵将人数，韩信却策马走过一次，返回即能准确知道人马多少，经过数次变换皆准确无误。这时连汉王也开始暗暗称奇，却又不知韩信用何方法，此法即是后来众所周知之"韩信点兵"速算。

拜完将几日，连刘邦都感到怀疑，韩信能否担此大将军重任。刘邦召来韩信对他说："萧丞相多次向我推荐将军，说将军才能过人。不知将军有何妙计教我争得天下？"韩信早就胸有成竹，先谢过刘邦知遇之恩。然后问："如今东向争天下，主要是项羽吧？汉王自料勇悍威猛能与项王比吗？"刘邦沉默好久才说："吾不如项王。"韩信起身再拜说："恕我直言，我也以为大王不如项王。然我曾跟随项王多年；请让我说项王为人：项王乃是盖世英雄，武艺高强，所向披靡，挡霸王者非死即废。有万夫不当之勇，但他不会任用良将，不会用计谋，所以只是匹夫之勇而已；项王待人恭敬慈爱，话语温柔；谁有病，都亲自拿药问候。到部属有功，应当封赏；刻好印信又藏匿不予，此所谓妇人之仁；项王为天下霸主，不在关中为王，而建都彭城，不听怀王之约，以亲近喜爱来封赏诸侯，为主不公；诸侯见项王迁义帝江南，也回去赶旧主，自己占好地为王。项王每过一地，很残暴，烧杀抢掠，天下百姓都怨恨又不亲附。空有强威之名，虽为霸主，却不得民心，所以说此强易弱。如大王和项王相反，收买人心，任谁是天下勇武，一样能消灭。用攻下城邑分封功臣将士，谁不死命效力。用死命效力将士，攻欲罢战归乡之士，他们何不败散。况且三秦王为原秦将。带秦兵打仗多年，死伤无数；又骗部属投降，到新安被楚军坑杀二十万。秦父老对章邯、司马欣、王翳三人恨之入骨。现楚强令三人为王，秦民无人喜欢。大王攻入武关，秋毫无犯，还除去秦法，与民约法三章。于诸侯约大王当王关中，百姓皆知，如大王起兵向东，三秦可传檄而定。"刘邦听了韩信一席话，如梦初醒、大喜过望，这时候才真正对韩信心悦诚服，相识恨晚。于是传令大宴百官，和韩信同桌吃饭，把自己的食物推让给韩信吃；宴会完毕又让韩信披上自己的衣服，同坐汉王车在城中游行。韩信非常感激，决心死命效力，以报汉王知遇之恩。

六、曹操的两次战役

官渡之战时，袁绍亲点大军七十万人马直逼官渡，曹操率领七万军队迎敌。曹操冷静地分析了双方态势"以静制动，消其锐气；出奇兵方能取胜"，因此制订了乌巢烧粮的奇兵计划。火光四起，烟雾弥空，袁家官兵哭号惊窜，曹军将士呐喊追杀。官渡之战局势陡转，袁绍只带八百多人渡河奔命，曹操大获全胜，回许昌庆功。

赤壁之战时，曹操收编刘表部众，号称八十万大军向长江推进。孙权命周瑜为主将，程普为副，率三万精锐水军，联合屯驻樊口（今湖北鄂州境）的刘备军，共约五万人溯长江西进，迎击曹军。曹操将战船首尾相连，结为一体，以利演练水军，伺机攻战。周瑜采纳部将黄盖所献火攻计，并令其致书曹操诈降，曹操中计。黄盖择时率蒙冲斗舰乘风驶入曹军水寨纵火。曹军船阵被烧，火势延及岸上营寨，孙刘联军乘势出击，曹军死伤过半，遂率部北退。赤壁决战，曹操在有利形势下，轻敌自负，指挥失误，终致战败。孙权、刘备在强敌进逼关头，结盟抗战，扬水战之长，巧用火攻，终以弱胜强。此战为日后魏、蜀、吴三国鼎立奠定了基础。

官渡之战和赤壁之战作为中国古代著名战例被载入史册，都是曹操指挥的，可结果恰恰相反。通过这两次战役，曹操验证了老子的精彩论述："轻则失根，躁则失君。"给后人留下了活生生的学习案例。

七、茶师求死

日本有一位茶师，为主人泡得一手好茶。

一日，主人要去东京办事，舍不得茶师，就让茶师一同前往。茶师说："现在外面浪人很多，自己不会武艺，很担心自己会吃亏的。"

主人告诉他："那你就穿上武士的服装，带上一把刀。把自己装扮得和武士一样，就可以了。"就这样，茶师把自己打扮得像武士一样，和主人一起进了东京。

有一天，茶师的主人外出了，茶师自己闲得无聊，也就到外面溜达。他刚出门不久，就遇到了一位浪人，并向他挑战。茶师向浪人说："我不是武士，只不过穿着武士的衣服，带着武士的刀。我根本就不会什么武艺。"

那个浪人就更不依不饶地说："那样就更不行了，你不是武士，却要穿着武士的服装，打扮成武士的样子，犹如武士的风范。我一定要和你比武，来教训你。"

茶师没有办法，只得答应，并且说："我主人委托我做的事情，没有办完，等为主人办完事后，今天下午在这里进行决斗。"那位浪人也同意了。

茶师这时赶紧跑到武士训练馆里去了，他拨开人群，直接来到武士教练的面前，很恳切地向教练说："老师，我想知道作为一个武士，怎样死去才是最体面的？"

教练听说后，很是吃惊，他想，凡是来训练馆的，都是来求教杀人的武艺，却从来没有要求学习如何死的。这个人一定很有来头。于是就问他："为什么你要知道自己如何死的最体面呢？"

茶师如实地告诉了教练事情的原委。教练知道他是一个茶师，就让他做一做茶道的表演。

茶师答应了，开始为教练泡茶。茶师在泡茶的过程中，气定神闲，神态自若，一招一式，非常娴熟，让所有在座的人并没有感觉到这是一个行将就死的人。

教练看后，对茶师说："你不必求死，我可以教你一招出奇制胜的办法。"

茶师问："那应该怎样呢?"

教练说："你只要用你泡茶的心去面对浪人就可以了。"

茶师领会了教练的意图，就回去了。

下午，浪人如约来到，茶师也按时到达约定地点。

茶师面对气势汹汹的浪人，心中记着教练告诉他的话，就用泡茶的心来应对浪人的挑衅。

他很优雅地摘下帽子，放在身旁，然后脱下自己的外套，慢慢地，不慌不忙地一层层地叠好外套，放在身旁，然后将内衣的袖口以及裤脚一一扎紧。

随着茶师有条不紊地整理，浪人开始恐惧了，发抖了，意识到这一定是一位武艺高强的对手。

茶师全身整肃完毕，才拿起武士刀，神态镇定，然后，突然大力棒喝一声，猛地把刀向空中一举。

这时，浪人吓的扑通一声跪在了地下，不断地叩头求饶，他说："我认输了，你是我见到的最伟大的武士。我向你投降。"

参考文献

[1] 文若愚. 道德经全书[M]. 北京:中国华侨出版社,2013.

[2] 刘文秀,孙燕,孙兰. 道德经新解[M]. 北京:世界图书出版公司,2013.

[3] 任法融. 道德经释义[M]. 北京:东方出版社,2012.

[4] 张易山. 深入浅出慢读细品道德经[M]. 北京:中国华侨出版社,2012.

[5] 王福振. 每天读点道德经[M]. 北京:北京理工大学出版社,2010.

后　　记

　　《道德经》在中国古代思想发展史上具有重要地位，对中华民族乃至世界优秀文化传统的形成和发展产生了极其深远的影响。有西方学者统计，自1816年至今，各种西文版的《道德经》已有250种，现今每年都有一到两种新译本问世。联合国教科文组织统计，荣登世界译文发行量榜首的，除了《圣经》以外就是中国的《道德经》。许多西方哲学家阅读《道德经》，是为了寻求拯救西方文明危机的良方，且从中确实大受教益。

　　在人们的思想观念中，至今还少许存在着老子思想是反对仁义智慧，反对革新，主张消极被动、无所作为、甘守懦弱、逆来顺受、保守倒退的观点。这些观点也是历代哲学家比较默认的观点。历史教材是这么说的，哲学教材也是这么说的。因此，在强调"有为"的社会里，很少有人去读《道德经》。待到我系统地阅读了《道德经》以后，真是感慨万千，哪里是老子消极、反动？分明是人们误解了老子。

　　我现在对《道德经》所作的解释还是十分浅陋的，其中许多章节连我自己都不满意，原因就是我的学识实在是太有限，境界也太浅。倘若再过十年、二十年，那时，展现在读者面前的《道德经》赏析文章绝不是现在这个样子，可以说，无论是字面功夫还是哲理的体悟水平都会有所提高，可我不愿这样做。学问要靠大家做，集体的智慧是无限的，只要能够起到抛砖引玉的作用，让老子的道德思想遍布人间，我的心愿也就实现了。

　　老子的《道德经》教育我们如何修身养心，提高道德水平，把有为改变成无为，使主观变得更客观。把人不为己、天诛地灭，自私自利，争斗不歇，逐步改变成大公无私，舍己救人，处下让人，不争不斗，处世自然乐悠悠。

　　学者一般将老子的《道德经》当做哲学来研究，普通大众很难读懂。

为了把《道德经》普及到群众中去，我根据老子经典著作《道德经》学习的体会，用浅显易懂的方法，引导大家来学习、研究、应用老子的唯物主义世界观，提高我们的道德水平，提高我们为人、处世、接物的能力，进而探索宇宙的奥秘。